DONGZU XINGGEZUOYUE
HUNLIAN XISU YANJIU

侗族行歌坐月婚恋习俗研究

舒丽丽 著

岳麓書社·长沙

目　录

绪 论

侗族作为中华民族大家庭中不可或缺的一员，据2000年第五次全国人口普查统计数据，人口有2960293[①]人，主要分布在贵州、湖南、广西三省区毗邻地带和湖北省的西南部。其中，贵州省有1628568人，占侗族总人口的55%，分布在从江、榕江、黎平、锦屏、天柱、剑河、三穗、镇远、岑巩、玉屏、石阡、江口、万山、松桃、荔波、独山、都匀等市、县、区、自治县。湖南省有842123人，占侗族总人口的28.4%，分布在新晃、芷江、会同、靖州、通道、城步、绥宁、洞口、黔阳等县、自治县。广西壮族自治区有303139人，占侗族总人口的10.2%，分布在三江、龙胜、融安、融水、罗城、东兰等县、自治县。湖北省有69947人，占侗族总人口的2.4%，主要分布在恩施土家族苗族自治州的恩施、宣恩、咸丰、利川、来凤等市、县。其余散居在全国各地。侗族的分布以黔东南、湘西南、桂北和鄂西为多。[②]随着经济的飞速发展，侗族社会也发生了显著的变化。观察现象、解读社会，具体到侗族来说，面对的是复杂的文化整体，不但需要综合把握的能力，还需要抽丝剥茧般的深描与精加工，领悟侗族社会文化

---

① 《侗族简史》编写组、修订本编写组：《侗族简史》，民族出版社，2008年，第1页。

② 参见姚丽娟、石开忠：《侗族地区的社会变迁》，中央民族大学出版社，2005年，第1～2页。

的内涵本质，离不开对大的社会背景的“嵌入式理解”，反之亦然。社会与文化都无法拒绝变迁，变迁不能就变化而谈变化，变化内外、变与不变都是文化整体的有机结构。将文化整体的结构看成有机的，势必需要关注其连续不断裂的性质。如同想要将一个苹果吃掉，首先得找下口的地方；面对并不单纯孤立的侗族社会，怎么找到一个切入点，确定一个突破口，这无疑是极其重要的。

一、选题缘由

对侗族文化及其社会的研究由来已久，更不用说民族学、人类学、民族史等学科对它的重视。受各自学科背景的影响，研究者们在研究同一问题时，往往从不同角度进行解答，其论证结果也呈现出多元化的趋势。通过对侗族研究现状的若干个方面的分析综合，可以得出前人研究成果主要呈现以下几个特点：第一，侗族文化整体的各个方面都有所研究，涉及内容全面而翔实；第二，受侗族分布区域过于广泛而复杂的影响，研究内容即使是对同一主题的深化与挖掘，也表现出参差不齐的状况；第三，有些作者在对侗族整体文化观的建构中，忽视了引用材料的族群支系差别；第四，侗族按语言划分，可分为南部与北部方言区，但这种划分方法过于笼统，而对研究活动产生了一定的影响；第五，具体到侗族的行歌坐月习俗研究来看，现有成果更多的是将其视为恋爱习俗进行阐述，在分析其与侗族婚姻制度和社会结构之间的关系方面还有所欠缺；第六，一些民族习俗，如布依族的“浪哨”、仫佬族的“走坡”、瑶族的“耍歌堂”、黎族的“放寮”、苗族的“游方”、水族的“玩月”、彝族的“吃火烟草”（约姑娘玩耍）、阿昌族的“作捏勤”（串姑娘）、佤族的“飞玉”（串姑娘）等，在形式和内容上，都与本书的研究对象“行歌坐月”具有一定程度的相似性，对侗族的行歌坐月习俗进行深描，可以为理解上述各民族相似习俗提供参考模式并积累研究经验。

综合来看，对侗族的研究尤其是在婚恋方面的研究，仍然有可以填补的空白及需要突破的余地。同时，侗族的婚恋作为一个复合的次级文化体系（相较于整个族群文化体系）来说，仍然具有可分解性。经过深度阅读资料和对侗族婚恋文化进行实地调查，笔者认为行歌坐月虽然只是一种与“情事”（不仅仅只是狭义的择偶或婚恋关系）相关的习俗，但其贯穿了一定时期内个体乃至群体生活的始终，反映了相应时期内的婚恋制度和社会关系，尤其是族群整体及其个体的社会化过程。对于以小见大，并在经济全球化与现代化进程中，加速侗族社会乃至整个时代背景下中华文化的“小传统”与“大传统”的重塑，具有十分重要的价值和意义。因此，对阳烂侗族行歌坐月习俗的研究以及透过对“地方性知识”抽丝剥茧般地解析，致力于在保护与传承中华优秀传统文化的过程中参与重塑民族精神与文化自信，成为笔者矢志追求的目标。

二、相关研究与述评

（一）对婚姻的定义与理解

侗族行歌坐月作为一种恋爱习俗，属于人类学研究的求偶文化范畴，而鉴于求偶文化本身与婚姻研究具有亲缘关系，因此本书对行歌坐月的深入分析显然离不开对婚姻进行界定这个前提。婚姻作为人类反思自身行为及其文化的一个核心论题之一，对其研究与论述由来已久。

我国学者就中国婚姻之语源，依经传及字书诠解，进行了四大总结：婚姻指婿与妇而言、婚姻指夫妇结合之关系而言、婚姻指婿与妇之父母而言、婚姻指婿妇两家及亲党而言。就婚姻的目的来说，总结有三：祭祀、继嗣、内助。[①] 中国古代的婚姻观念以宗法伦理观念为基础，《礼记·昏义》说："婚礼者，将合两姓之好，上以事宗庙，而下以继后世也。"这样，婚姻成为"人伦之始"，"夫妇之义"。同时，在社会实践中，又把婚姻作为"合好"的手段：联姻不仅长期体现在家族之间的利益结盟中，而且也用于国家安宁目的。因此而形成婚姻关系—亲戚关系—血缘关系的链条。在汉文化的言说中，婚姻所强调的不是信托或契约关系，而是因血缘的连接而成为亲属（姻亲）。[②]

而到了19世纪，民族学、人类学涉足这一领域之后，这一论题更是展现出了五彩纷呈的研究状况。"在六十年代开始以前，根本谈不到家庭史。历史科学在这一方面还是完全处在摩西五经的影响之下。人们不仅毫无保留地认为，那里比任何地方都描写得更为详尽的这种家长制的家庭形式是最古老的形式，而且把它——除一夫多妻制外——跟现代资产阶级的家庭等同起来，这样一来，家庭似乎根本没有经历过任何历史的发展；至多认为在原始时代可能有过杂乱的性关系的时期。——诚然，除个体婚制之外，一般所知道的还有东方的一夫多妻制及印度、西藏的一妻多夫制；可是，这三种形式并不能按历史的顺序排列起来，它们彼此并立而没有任何相互的联系。至于说在古代的个别民族中间，以及至今尚存的若干蒙昧人中间，世系不是依父亲而是依母亲来算，因此，女系被认为唯一有效；在今天的许多民族中间，在相当大的集团（那时还没有被详细研究过）内部禁止通婚，而且这种习俗，在世界各大洲都可见到，——这种种事实诚然已经是众所周知，而且这样的例子搜集得一天比一天多。但是没有人知道应当怎样去处理它们，甚至在爱·伯·泰罗所著的《人类原始历

① 参见陈鹏：《中国婚姻史稿》，中华书局，1990年，第1～13页。
② 陈庆德等：《人类学的理论预设与建构》，社会科学文献出版社，2006年，第303～304页。

史的研究》（1865年版）一书中，也还是把这些事实简单地看作‘奇怪习俗’，而与某些蒙昧人不许用铁器接触燃烧的木头以及类似的宗教上的可笑琐事相提并论。”[①] 直到被列为人类学婚姻家庭研究重要参考著作的巴霍芬《母权论》出版后，才开辟了婚姻家庭史研究的新篇章。作者在该书中提出了以下观点：①最初在人们之间存在着毫无限制的性关系，即“杂婚”关系；②这种关系排除了确切认知父亲的任何可能性，因此，世系只能依女系——母权制来算，古代的一切民族，起初都是如此；③因此，妇女作为母亲，作为年轻一代的唯一确切知道的亲长，享有高度的尊敬和威望，这种尊敬和威望竟达到了完全的妇女统治的程度；④向一个女子专属于一个男子的个体婚制的过渡，含有对远古宗教戒律的侵犯（实际上就是侵犯其余男子自古享有的可以占有这位女子的权利），这种侵犯要求由女子在一定时期内献身于他人来赎罪或赎买对这种行为的容忍。[②] 此后，作为巴霍芬后继者的麦克伦南的《原始婚姻》(1865年版）与摩尔根的《人类社会的血亲与姻亲制度》(1871年版)、《古代社会》（1877年版）等研究成果，把婚姻理论引向对婚姻功能的聚焦，把婚姻视为社会构成的一个要素，把争论转移到更无比广大的领域里来了。1884年，恩格斯的《家庭、私有制和国家的起源》集上述研究之大成，揭示了婚姻的经济基础，强调了婚姻与社会结构的关联性，并由此阐释了婚姻的历史性质。[③]

恩格斯的著作受进化论思想的影响，高度赞扬了摩尔根研究和论证家庭婚姻关系进化的模式。按照摩尔根的意见，从这种杂乱性交关系的原始状态中，大概很早就发展出了以下几种家庭形

① ［德］恩格斯著，中共中央马克思恩格斯列宁斯大林著作编译局译：《家庭、私有制和国家的起源》，人民出版社，1972年，第7页。

② 同上，第7～8页。

③ 陈庆德等：《人类学的理论预设与建构》，社会科学文献出版社，2006年，第305页。

式：血缘家庭、普那路亚家庭、对偶家庭、一夫一妻制家庭。[①] 摩尔根把处在乱婚状态的人群作为发展的起点。然后是以群婚为基础的血缘家庭取代了这种人群，这种群婚是同胞兄弟姐妹之间和从表兄弟姐妹（即从兄弟姐妹、表兄弟姐妹，再从兄弟姐妹、再表兄弟姐妹等等，以此类推）之间的一种婚姻关系。下一个阶段是普那路亚家庭，这种家庭也是以群婚为基础的。不过这种群婚是若干同胞姐妹和从表姐妹与她们每一个人的丈夫相结合，而这些作为她们共同丈夫的男子彼此之间不一定有亲属关系；或者是那样的群婚，若干同胞兄弟或从表兄弟与他们每一个人的妻子相结合，而这些作为他们共同妻子的女子彼此之间也不一定有亲属关系；当然，往往两种情况都有。代替普那路亚家庭的是对偶家庭，这种家庭以单偶婚姻为基础，但不是排他性的同居。再往后是父权制家庭，这种家庭以一个男子与几个女子的婚姻为基础，但是，正如摩尔根本人所认为的，这个阶段与其他阶段不同，它不是普遍的。最后，逻辑地而且往往也是历史地直接随着对偶家庭而出现的是以单偶婚姻为基础的一夫一妻制家庭，不过这种家庭已经是排他性的同居。[②] 这样，我们便有了三种主要的婚姻形式，这三种婚姻形式大体上与人类发展的三个主要阶段相适应。群婚制是与蒙昧时代相适应的，对偶婚制是与野蛮时代相适应的，以通奸和卖淫为补充的一夫一妻制是与文明时代相适应的。在野蛮时代高级阶段，在对偶婚制和一夫一妻制之间，插入了男子对女奴隶的统治和多妻制。[③]

以上研究将婚姻与家庭紧密地联系在一起，也促使芬兰学者E. A. 韦斯特马克的婚姻起源论初露端倪。“婚姻和家庭的关系密

---

① [德] 恩格斯著，中共中央马克思恩格斯列宁斯大林著作编译局译：《家庭、私有制和国家的起源》，人民出版社，1972年，第33～72页。

② [苏] 谢苗诺夫著，蔡俊生译，沈真校：《婚姻和家庭的起源》，中国社会科学出版社，1983年，第15～16页。

③ [德] 恩格斯著，中共中央马克思恩格斯列宁斯大林著作编译局译：《家庭、私有制和国家的起源》，人民出版社，1972年，第72页。

切。男性和女性之持续地生活在一起，最初就是为了下一代的利益。因此我们可以说，是婚姻起源于家庭，而不是家庭起源于婚姻。的确，在许多民族中，男女之间的真正婚姻生活，并不是从正式宣布结婚或订婚的时候开始的，只有到孩子出生或已明显怀孕时，婚姻关系才算最终确定。在其他情况下，男女的性关系一旦导致怀孕或生育，其最后结果照例是达到结婚或强制结婚。”①

抛开受进化论思想背景影响之婚姻起源的历史性研究藩篱，正如陈庆德等所分析的那样，“把婚姻所产生的社会功能和后果作为聚焦点的理论转向，淡化了对何为婚姻本质问题的追问。同时，当愈来愈多的婚姻功能和婚姻的社会后果，被引入婚姻本质的理论界定中时，普遍性与相对性的问题在婚姻理论中得到了凸显。”②这一论述，从另一面表达了婚姻定义相对性与本质之间的尴尬。因之有了婚姻定义所不能涵括的内容，对婚姻的定义行为也就变得纠结与莫衷一是了。实践者们总是试图通过各种各样的手段和方法，寻找适合自己行为并使之得到合理解释的婚姻定义。

婚姻定义多种多样，以下选取几种较为经典的婚姻定义及概括，作为本书的理论预设。克洛德·列维-斯特劳斯专注于男人与女人交换的事实，在外婚制和交换理论上，建立起影响深远的婚姻理论，强调了婚姻的交换本质及其在象征上和政治上的重要性，而与婚姻相关或所衍生的“血亲（同胞）关系、姻亲（配偶）关系和父子（世系）关系”，成了列维-斯特劳斯结构分析的“原子”概念。③ R. G. 洛伊将婚姻与家庭作为互为因果的循环论证，认为双系性的家庭是一个绝对普遍的制度。④ 也有人将婚姻作为个

① ［芬］E. A. 韦斯特马克著，李彬、李毅夫、欧阳觉亚、刘宇、李坚尚译，李毅夫校：《人类婚姻史》（第一卷），商务印书馆，2002年，第72页。

② 陈庆德等：《人类学的理论预设与建构》，社会科学文献出版社，2006年，第306页。

③ 同上，第306～307页。

④ ［美］Robert H. Lowie著，吕叔湘译：《初民社会》，商务印书馆，1935年，第56～57页。

人活动结果的生活实体，而将其概括为：持续的性关系＋共同生活，第一个要素既排除了一夜风流，又涵盖了多妻多夫或“同性婚姻”；第二个要素则既排除了“住店式”的性行为（哪怕长期），又容纳了经济的、情感的和潜在的生育等内容。[①] 还有人将婚姻以“极为重要的普遍性前提”方式进行概括界定：①婚姻的特点在于它并不是个人之间的关系，而是团体间的契约；②婚姻促使权利的转移或流动；③婚姻包括丈夫对性关系的优先权，但不必直接执行或独享；④一夫一妻制外多种婚姻类型的存在；⑤婚姻关系主要是一种经济关系或政治联盟，其次才是一种性关系；⑥不同婚姻形式带来的父亲角色的变动性。[②] 还有人认为，基于对婚姻功能性研究而产生的定义，遮蔽了婚姻的本质，而“对于婚姻本质的界说，或许应该首先剥离各种次生的功能性关联，正如马克思在《资本论》中总结的那样，只有在最简单的抽象上把握了对象的本质，才能‘分析它的各种发展形式，探寻这些形式的内在联系。只有这项工作完成以后，现实的运动才能适当地叙述出来’。可以看到，从性以及性关系或性行为出发，诸多的婚姻解说对不同要素的涉及，几乎包容了社会存在的所有层面，并以其对这些不同要素的强调重点，形成了差异性解释。而在其所涉及的所有要素中，‘性’是唯一不会缺失或始终在场的要素。由此可见，性以及性关系或性行为是婚姻的中心事实，是婚姻的核心指向。在此意义上，婚姻的本质在于，它是对人类性行为的制度性规范”[③]。如果将结婚仪式看成是婚姻确立的标志，布迪厄则这样界定婚姻：结婚仪式不只是被理解为一组象征行为，其意义来自它们在一个差异系统（结婚仪式也是一个差异系统）中的差异，而且被理解

---

① 参见郑杭生主编：《社会学概论新修》（第三版），中国人民大学出版社，2003 年，第 170 页。

② 参见［美］R. M. 基辛著，甘华鸣等译：《文化·社会·个人》，辽宁人民出版社，1988 年，第 253～254 页。

③ 陈庆德等：《人类学的理论预设与建构》，社会科学文献出版社，2006 年，第 316～317 页。

为一种社会策略，其定义取决于它在一个旨在获取最大物质和象征利益的策略系统中的位置；或者，“优先”婚姻不再被认为是遵守规范或复合一个无意识模型的产物，而是一种再生产策略，其含义来自一个由习性生成的、趋于实现相同社会功能的策略系统。[①]

虽然，对婚姻的研究经历了起源—功能—结构—意义的探索，在寻求婚姻本质的过程中，一直无法摆脱普遍性与相对性缠绕的桎梏，同时，任何一种尝试虽然亦已随着历史的洗涤，而被看出是多么的不合时宜，但毕竟还是为我们的理解提供了多样的可能性。今天，日趋开放、多元化的社会场域需要的正是这样对多种可能性的探索，经过这样的过程而直指人类及其社会的大解放与自由。

（二）西方人类学经典中的恋爱文化研究

对恋爱习俗及其文化的关注，是西方人类学经典中常见的内容之一。摩尔根在其《古代社会》一书中提出“原始人不懂爱情”的论断，揭开了恋爱及其习俗研究的序幕。摩尔根曾明确指出“男子寻找妻子，并不像文明社会中那样出于爱情，他们对爱情一无所知，他们还没有发展到足以理解爱情的地步。因此，婚姻不是以感情，而是以方便和需要为基础。野蛮人不懂得爱情。感情是文明社会和高度修养的产物，野蛮人尚未达到理解感情的地步”。[②] 原始人不懂爱情，那么自然也不存在恋爱，两性之间的关系只能归结为最原始的性欲。马克思和恩格斯在仔细研读了摩尔根的《古代社会》之后，对这一问题也进行了进一步的阐释，指出“在中世纪以前，是谈不到个人的性爱的。不言而喻，体态的美丽、亲密的交往、融洽的旨趣等等，曾经引起异性间的性交的欲望，因此，同谁发生这种最亲密的关系，无论对男子还是对女

---

① ［法］皮埃尔·布迪厄著，蒋梓骅译：《实践感》，译林出版社，2003年，第24页。

② ［美］路易斯·亨利·摩尔根著，杨东莼等译：《古代社会》，商务印书馆，1977年，第460、479页。

子都不是完全无关紧要的。但是这距离现代的性爱还很远很远。在整个古代，婚姻的缔结都是由父母包办，当事人则安心顺从”[①]。

韦斯特马克在其《人类婚姻史》中，根据达尔文的性选择理论，将人类的各种求偶行为与动物学资料相互对比，得出近乎相似的结论。他认为，同很多动物一样，人类在求偶过程中，一般多是男性表现得比较主动，女性表现得比较被动；“女性需要男性来追求”。男性常常会为占有某一女性而相互斗争，一种情况是力图驱逐或者杀死其竞争对手，另一种情况是设法刺激或者吸引异性。男性通常会表现出强烈的嫉妒性，这不仅对于防止乱交、保护物种有益，而且还能使后代遗传更为强健的身体。原始部落的男女会为使自身对异性更具有性诱惑力而采取各种方法，在耳朵、鼻子、嘴唇、牙齿、头发、皮肤等部位大做文章，进行各种装饰，这种装饰不仅能够刺激异性，同时也能够刺激装饰者本人。人类穿着衣服，其本意也是出自性诱惑，以期获得更加高质量的交配和繁衍。而对于选择异性的指标，女子看重男子的力量与勇气，而男子则更加强调女性的体态和第二性征。除此之外，原始人对于美的标准还因民族不同而有所差异，这种差异往往与当地自然条件相一致。韦氏在人类恋爱与求偶过程中采取主动的方式、相互吸引的形式、择偶的性选择标准等方面为我们提供了丰富而有趣的案例，但其动机却旨在说明人类求偶的所有的行为和文化都应统统归结于繁衍高质量后代的企图。对于原始人性自由的问题，韦氏反对摩尔根的看法，他认为原始人性关系的开放，主要是受到外来文明人的影响，同时，性自由不等同于乱交，对于原始人来说，这可看作缔结婚姻前的试婚。

马林诺夫斯基在其《野蛮人的性生活》一书中采用功能主义的视角，对未开化民族的性生活进行了研究。他认为特罗布里恩德土著的求偶、婚姻和家庭生活，都可归结于对性的满足。而青年人婚

① 中共中央马克思恩格斯列宁斯大林著作编译局编：《马克思恩格斯选集》第 4 卷，人民出版社，1972 年，第 72 页。

前相当长时期共同的性生活是其走向婚姻殿堂的前奏。特罗布里恩德人从小就可以进行不正式的性尝试，但是“青春期标志着幼稚的和玩笑般的性行为向婚前严肃而持久的关系过渡”，并且随着时间的推移，男孩和女孩们的性关系日渐持久，相互之间的关系也日益密切和经常化，这时，“一种专一的恋情产生了，并且确切无疑地开始夺去其他风流韵事的光彩”，实际的考虑开始渗入其中，“男人就该开始考虑通过婚姻来把他众多的私通伴侣之一合法化了”。“这种共同的性生活还可以用来检验他们之间彼此依恋与和谐一致的程度。最后这种试验还使未来的新郎和女方家庭能够有时间来为正式结婚做好经济上的准备。”[①] 因而，我们可以将特罗布里恩德原始人选择婚姻对象的方式看作是在自由的性交关系上的一种充满感情色彩的选择。同时，马氏否定简单地套用摩尔根的群婚概念来解释未开化民族中存在的自由的性活动，以澳大利亚轮换情人的佩拉鲁习俗为例，他认为：“澳大利亚的婚姻是家政的、礼仪的、法律的、宗教的和生殖的制度时，佩拉鲁就主要是一种合法化的性关系。”[②]

玛格丽特·米德在其《萨摩亚人的成年——为西方文明所作的原始人类的青年心理研究》一书中也同样认为未开化社会中青年人的择偶相对比较自由，并对萨摩亚青年的择偶习俗进行了生动而细致的描述，为我们提供了一个青年恋爱习俗研究的经典个案。但她的观点却与马林诺夫斯基“自由的性交关系上缔结的专一恋情”背道而驰，她认为在萨摩亚社会，青年男女之间正是因为婚前享有自由性交活动而不必赋予对方强烈的感情。而他们对于贞节也并不看重，婚前性行为自由，是当地年轻人最好的消遣方式。她认为“岁数相近的两个年轻人（包括寡妇和鳏夫）之间的性爱关系”[③] 是萨摩亚人正式承认的两性关系之一。这可看作当地择偶习俗中对于年龄

① ［英］B. 马林诺夫斯基著，刘文远等译：《野蛮人的性生活》，团结出版社，1989年，第46页。

② 同上，第23页。

③ ［美］玛格丽特·米德著，周晓虹等译：《萨摩亚人的成年——为西方文明所作的原始人类的青年心理研究》，商务印书馆，2008年，第71页。

的匹配原则。未婚男女之间的关系一般有三种类型：一种是“相爱在棕榈树下”的暗地交往；一种是阿瓦加，即公开的私奔；还有一种是仪式隆重的求婚，求婚时小伙子“坐在姑娘前面”。[①]“相爱在棕榈树下”的青年男女通常是等级比较低的人，因为他们的等级较低，以致他们的婚姻在经济上没有任何价值可言，因而被容许“相互真挚地热爱，并且维持了几个月的关系后，一般来说婚姻便会随之而来”[②]。私奔则是出身高贵的姑娘们的爱情方式。由于等级较高，她们被指定嫁给其他村子等级较高的权贵人士，因而很少有人会真正考虑她们的意愿。而“仪式隆重的求婚”则是介于前两种方式之间的求爱方式，男方可以直接去女方家提亲，但是最终的结果还要看女孩自己的意愿或者双方家庭的关系而定。因而，萨摩亚青年男女的婚恋自由似乎只存在于等级较低的人群当中，而阶级的分化和财富的积累则使等级较高的青年不得不面临忽视自己感情的包办婚姻。

（三）侗族婚恋文化研究

1. 提供恋爱、择偶机会的社会交往方式及其择偶研究

婚姻缔结的第一步是选择合适的婚姻对象，而对于侗族社会群体来说，为传统婚姻提供恋爱、相识、择偶机会的途径主要有行歌坐月、玩山[③]、芦笙会[④]、歌会[⑤]、节庆[⑥]等。徐和平的文章概述了包括侗族在内的我国55个少数民族青年男女的恋爱方式，针对侗族，主要描述了行歌坐月。[⑦] 杨正功的文章则主要介绍了侗族一种鲜为人知的恋爱方式“月地瓦”（集体种公地），这一活动与

---

① ［美］玛格丽特·米德著，周晓虹等译：《萨摩亚人的成年——为西方文明所作的原始人类的青年心理研究》，商务印书馆，2008年，第71页。

② 同上。

③ 侗族北部方言区盛行的一种青年男女相约野外游玩、对歌、恋爱的习俗。

④ 侗族喜吹芦笙，每年都会在特定的时候举行吹芦笙比赛。

⑤ 侗族是好歌的民族，他们每年都会联合周边村落举行对歌比赛。规模较大的歌会有大戊梁歌会，这一歌会常常会吸引湘、黔、桂三省区的男女老少积极参与。

⑥ 侗族的节庆活动十分丰富，笔者调查的时候，就有侗族人说，他们几乎每个月都有节日，差别只是规模、范围、重视程度不同而已。

⑦ 参见徐和平：《少数民族青年恋爱方式漫谈》，载《中国民族》1989年第2期。

侗族月也（娱乐性的集体做客）紧密相连。[①] 秦秀强关于侗族玩山的文章则主要对侗族独特的恋爱形式即男女初次相逢对歌把凭、约期花园幽会，到携伴私奔的这段恋爱过程进行描述。其在《侗族恋爱习俗中的婚姻史轨迹》中，阐述了“侗族传统的恋爱习俗具有比婚姻礼俗更为古老的文化内涵”的观点。[②] 龙家椿的文章也主要论述了流行于新晃侗族地区的特殊的花园婚恋习俗。[③] 姚源东的文章则主要表达了“侗族情歌具有恋爱自由、真诚高尚、忠贞专一、大胆追求、选择对象等恋爱道德的价值”[④]。舒青的文章主要论述了侗族的花园文化，对花园文化的形成、内容、特征等都做了自己的归纳。[⑤] 杨筑慧的文章提出了侗族择偶习俗从“同类匹配”向“资源交换”转变的观点，并认为由此引发了侗族社会文化其他方面的变迁。[⑥] 曹端波的文章从侗族传统婚姻选择的社会功能出发，认为侗族传统婚姻选择即是社会各利益团体在资源配置中长期博弈的结果，是维系社会秩序的有效手段，具有重要的社会控制功能。[⑦] 谭忠国的文章则重点阐述了湘西地区少数民族（包括侗族在内）“同姓不婚，姨表不婚；自由恋爱，忠贞爱情；尊崇女性，男女平等”的民族婚恋观及习俗。[⑧]

---

① 参见杨正功：《侗族青年月地瓦活动及其源流试述》，载《中南民族学院学报》（哲学社会科学版）1989 年第 2 期。

② 参见秦秀强：《侗族“玩山”习俗之功能及源流探微》，载《民族论坛》1991 年第 1 期；《侗族恋爱习俗中的婚姻史轨迹》，载《中南民族学院学报》（哲学社会科学版）1992 年第 2 期。

③ 参见龙家椿：《新晃侗族婚恋习俗》，载《怀化学院学报》1992 年第 3 期。

④ 参见姚源东：《侗族情歌中的恋爱道德价值》，载《怀化师专学报》2002 年第 4 期。

⑤ 参见舒青：《侗族花园文化浅论》，载《怀化学院学报》（社会科学版）2004 年第 1 期。

⑥ 参见杨筑慧：《当代侗族择偶习俗的变迁》，载《中央民族大学学报》（哲学社会科学版）2005 年第 1 期。

⑦ 参见曹端波：《侗族传统婚姻选择与社会控制》，载《贵州大学学报》（社会科学版）2008 年第 2 期。

⑧ 参见谭忠国：《湘西少数民族婚恋观及婚恋习俗》，载《中北大学学报》（社会科学版）2008 年第 2 期。

此外，与“提供恋爱、择偶机会的社会交往方式及其择偶研究”主题相关的成果还有：钟峻程的《三江侗族芦笙调的和声思维》（《民族艺术》1988 年 4 月）、左立新的《论侗族民间爱情故事中的女性形象》（《湖南师范大学教育科学学报》1999 年 12 月）、覃会五的《试析侗族情歌中的婚姻文化》（《科技信息（科学教研）》2007 年 12 月）、任胜洪的《现代性与民族性：侗族歌班的教育人类学考察与分析》（西南大学 2008 年博士论文）、李英的《侗族大歌的功能性特征浅析》（《艺术评论》2007 年 10 月）、张泽中的《侗族“情人歌”的失恋人物形象阐释》（《怀化师专学报》2001 年 2 月）、吴海清的《侗族婚俗与侗歌》（《艺术研究》2007 年 1 月）等等。

综合起来看，以上研究内容都从不同角度、不同侧面、不同程度上对“提供恋爱、择偶机会的社会交往方式及其择偶研究”主题进行了阐述。具体到对行歌坐月习俗的系统性研究方面，由于都是“小论文”的形式或者只是将其作为其他主题论述对象中的相关侧面来说明，篇幅有限，而不能详尽地进行阐释，这不得不算是一种遗憾。

2. 侗族婚姻习俗及变迁研究

与侗族行歌坐月习俗息息相关的婚姻习俗及变迁研究，得到了来自学界的密切关注：杨清栋的文章主要论述了贵州、湖南、广西一带侗族的风俗习惯如衣着、饮食、居住、婚姻等的改革，并认为这些风俗习惯同其他社会现象一样，是一定经济、政治和文化在社会上的反映。[①] 郭长生等的文章主要通过对侗族繁杂的婚姻、家庭形式中各种古老婚制的残余和婚姻习俗与“事实上存在的家庭形式不相符合的”亲属制度进行比较，从而揭示侗族婚姻、家庭的各个横断面。[②] 伍南栋等的文章通过对通道侗族自治县侗族

① 参见杨清栋：《谈侗族风俗习惯的改革》，载《中南民族学院学报》（哲学社会科学版）1984 年第 1 期。

② 参见郭长生等：《侗族婚姻家庭的发展演变浅谈》，载《贵州民族研究》1985 年第 4 期。

近亲结婚的随机抽样调查，得出了这一区域近亲婚配的情况，并由此总结出通道侗族的婚姻家庭状态。① 胡敏的《试探三江侗族青年早婚原因影响及其对策》一文就三江侗族自治县青年早婚的原因、影响及其对策谈了自己的见解。而其《侗族婚姻家庭述略》一文则从人类婚姻家庭发展的五个阶段出发，对侗族婚姻家庭形态进行了具体探讨。② 秦秀强的《论侗族婚姻礼俗中的原生文化内涵》一文认为，“婚姻作为一个能动的历史因素，在它所必然经历的从杂乱婚、血缘群婚、普那路亚婚、对偶婚到专偶婚这一动态历程中，产生了大量与婚姻有关的民歌，并形成了很多有关的礼俗。当代侗族婚姻，是在男女平等的基础上实行的一夫一妻制。但其婚姻礼俗颇富民族特色”。而其《从妻居制向从夫居制过渡的轨迹——侗族抢亲习俗研究》一文，认为侗族现行的婚俗主要是与“抢婚”有关的习俗，按区域划分类型进行比较，从一个新的角度探讨了侗族婚姻从母权制向父权制过渡的历史。③ 萧川的文章根据侗族原始婚姻家庭制度的残余对母权制向父权制的过渡进行了探讨，并认为侗族中的“兄终弟及”“娶姊妹婚”婚姻习俗，以及人的起源、兄妹结亲的神话与传说等，都证明了群婚和母权制确实存在过。④ 王宗勋的文章主要探讨了侗族“舅公礼”，并以此为主要线索，对侗族婚姻制度的发展、变革进行了阐述。⑤ 龙家椿的文章从拉法格的“在各族人民中，婚姻曾经产生了为数甚多的民歌，同时也形成了稀奇的礼俗”观点出发，主要研究了侗族婚

① 参见伍南栋等：《湖南通道侗族近亲婚配情况的调查》，载《遗传》1986 年第 5 期。

② 参见胡敏：《试探三江侗族青年早婚原因影响及其对策》，载《广西民族研究》1987 年第 1 期；《侗族婚姻家庭述略》，载《学术论坛》1988 年第 5 期。

③ 参见秦秀强：《论侗族婚姻礼俗中的原生文化内涵》，载《民族论坛》1988 年第 1 期；《从妻居制向从夫居制过渡的轨迹——侗族抢亲习俗研究》，载《贵州文史丛刊》1990 年第 1 期。

④ 参见萧川：《从侗族原始婚姻遗俗看母权制向父权制的过渡》，载《民族论坛》1990 年第 3 期。

⑤ 参见王宗勋：《侗族“舅公礼”与婚姻制度的变革》，载《中南民族学院学报》（哲学社会科学版）1992 年第 4 期。

嫁的不同礼俗文化内涵。[①] 廖开顺的文章以侗戏《金汉烈美》为研究对象，通过男主角在行歌坐月中引发的感情纠葛和婚姻矛盾，反映侗族婚姻制度过渡时期的社会矛盾和矛盾心理。[②] 舒青在文章中认为，"鼓楼是侗族文化的物质标志，它的产生与侗族古代婚姻制度的形成以及定（论）姓结亲、破姓结亲、姑表结亲等婚恋形式的出现有着紧密关系"[③]。杨筑慧的文章阐述了侗族村寨中包括生计方式、婚姻等在内的文化变迁的方方面面。[④] 尹建国在其文章中指出，凉伞侗族婚俗，分为赶坳的初相会、玩山的谈情、出嫁前的伴嫁、婚事时的喜酒，每一个阶段的活动均以歌传情达意，并且每个阶段因活动环境的变化，其歌唱内容、活动方式不同，民歌的唱法、曲调也各有特色。[⑤] 杨再奎的文章则从一个新的角度，论述了侗族的婚姻习俗与现行法律之间存在的冲突，并就其原因、危害、解决方法提出了自己的看法。[⑥] 廖君湘的文章考察和分析了侗族婚姻缔结与终止的原则、形式，侗族通婚范围及婚姻圈内的群体关系，婚姻习俗中的社会冲突与变革等问题，有助于准确地理解侗族婚姻历史状貌和婚姻事项所反映的民族文化特征。[⑦] 潘志成在其文章中，指出占里侗族自清代开始就逐渐形成了包括家族外婚、寨内婚、婚后坐家、限制离婚、生育控制等制度在内的一整套婚育习惯法，从而基本实现了人口零增长的目标，

---

① 参见龙家椿：《侗族婚嫁习俗文化内涵的历史嬗变》，载《怀化师专学报》1993 年第 1 期。

② 参见廖开顺：《从侗戏〈金汉烈美〉看侗族婚俗矛盾》，载《贵州民族学院学报》（哲学社会科学版）2001 年第 1 期。

③ 参见舒青：《鼓楼与侗族古代婚姻》，载《怀化师专学报》2001 年第 4 期。

④ 参见杨筑慧：《变迁中的侗族村寨》，载《中央民族大学学报》（哲学社会科学版）2001 年第 5 期。

⑤ 参见尹建国：《凉伞侗族婚俗及歌曲简论》，载《黄钟》（《武汉音乐学院学报》）2004 年第 4 期。

⑥ 参见杨再奎：《侗族婚姻习俗与现行婚姻法的冲突》，载《西南民族大学学报》（人文社科版）2005 年第 1 期。

⑦ 参见廖君湘：《侗族婚姻史三题》，载《株洲工学院学报》2005 年第 5 期。

并认为占里的婚育习惯法不仅依赖寨老的共同议罚来维持，还成为一种观念深入到占里人的内心世界，甚至直至今天，这种习惯法仍然发挥着重要的社会控制作用。[①]

此外，杨进飞在其论文中指出侗族的村落基本上是一姓一寨或数寨一姓，即使不同姓也是有婚姻纽带连接在一起的，因此作为侗族基本社会制度的侗款也就是一寨或数寨氏族的联盟。[②] 石佳能等以通道侗族自治县独坡乡为例，根据历史唯物主义的原理，对当地侗族在风俗、文化上的一些特点从社会组织、婚姻形态等各方面进行了探索性的分析。[③] 朱慧珍在其文章中探讨了侗族的各种民歌，而与婚姻论题相关的主要提到：婚姻嫁娶，侗家要唱酒歌、哭嫁歌；青年男女交往，侗家又唱起了情人歌、失恋歌、单身歌。[④] 陈家柳的文章对侗族传统的婚姻家庭发展史作一个纵向的探视，从而揭示出侗族的婚姻和家庭与其社会文化的相互联系，及社会发展对侗族婚姻家庭诸因素的影响等问题。[⑤] 宇晓的文章基于"一个民族的个体命名制度，就共时的方面来说，往往与其家庭婚姻制度、亲属制度、社会分层、价值观念等诸多文化子系统有'附着'或'丛结'的关系，成为民族文化整合机制中的纽结之一；就历史的方面看，命名制度的演变，往往反映出一个民族在上述社会文化层面上的变迁，对民族文化史的再现，无疑具有其特定的意义"之认识，对侗族亲从嗣名现象进行了研究。[⑥] 潘永荣的文章分别从侗语亲属称谓的构词、抽象词的构成、形象词的构成、自然现象和方位观念的构词以及一词多义的构词等几方面

---

① 参见潘志成：《从江县占里侗寨当代婚育习惯法考察》，载《湘潭大学学报》（哲学社会科学版）2008 年第 2 期。

② 参见杨进飞：《侗款制试探》，载《民族论坛》1987 年第 3 期。

③ 参见石佳能等：《侗族民俗及民族文化中原始社会残余试析》，载《中南民族学院学报》（哲学社会科学版）1988 年第 1 期。

④ 参见朱慧珍：《侗族审美特征漫议》，载《中南民族学院学报》（哲学社会科学版）1988 年第 6 期。

⑤ 参见陈家柳：《侗族传统家庭形态管见》，载《广西民族研究》1991 年第 Z1 期。

⑥ 参见宇晓：《侗族亲从嗣名制研究》，载《贵州民族研究》1991 年第 4 期。

的语词构成中，试探侗民族的造词心理过程及其有关的包括婚姻制度在内的文化现象。[①] 赵晓楠的文章在三次实地田野工作和撰写了小黄寨音乐本体考察报告的基础上，对其本体之后的文化背景进行了考察，发现在众多的可以影响到音乐存在、音乐行为的因素中，小黄寨一套独特的婚姻习俗是在“现代化进程”日益加快的大环境下保证其传统音乐得以较为完整保存的首要条件。[②] 曹柯平的文章就中国洪水后人类（包括侗族在内的壮侗族群）再生神话的原始材料进行了系统的收集和整理，并借鉴考古学的成功经验，对中国境内的一百五十一篇洪水后人类再生神话，逐一进行了主要母题和辅助母题的归纳，并从中找到十组较为稳定的母题组合，而流传于苗瑶、壮侗人中的主要有两组。[③] 廖君湘的文章借鉴社会学有关社会群体、社会关系和功能分析的方法，对侗族传统社会的细胞——侗族家庭的结构、功能及家庭成员关系三个方面的特点进行了系统考察和阐述。[④] 杜成材的文章指出，“侗族大歌作为侗族文化的重要组成部分，在侗族人民的生活中发挥着十分重要的作用，其产生与侗族的自然和人文环境密切相关。侗族大歌不仅是一种音乐艺术的存在，更是侗族社会结构、生计方式、婚姻关系、文化传承和精神生活等方面的综合体现”[⑤]。这些文章虽然不是直接与侗族婚姻论题紧密相扣，但就其以上内容来看，也从间接方面反映了侗族婚姻研究的现状，因此这一部分的阐述也显得有必要了。

① 参见潘永荣：《从侗语构词看侗族的文化》，载《贵州民族研究》1998 年第 2 期。

② 参见赵晓楠：《传统婚俗中的小黄寨侗族音乐——对小黄寨侗族音乐的文化生态考察之一》，载《中国音乐学》2001 年第 3 期。

③ 参见曹柯平：《中国洪水后人类再生神话类型学研究》，扬州大学 2003 年博士论文。

④ 参见廖君湘：《侗族传统社会家庭：结构、功能及家庭成员关系》，载《佳木斯大学社会科学学报》2005 年第 5 期。

⑤ 参见杜成材：《生计方式与文化模式的和谐之音》，载《绵阳师范学院学报》2008 年第 9 期。

（四）研究述评

以上简单回顾和梳理了与本书的研究对象及理论切入点相关的既有研究成果。毋庸置疑，以上所有研究成果都将对本书的写作产生很大的启示和借鉴作用。然而，本文的研究又是基于对已有研究成果的某些存疑，才试图进一步开展论证的。

第一，目前已有的相关研究中，专门对以婚恋行为为代表的文化现象的功能、理性进行解读，尚需加强，尤其是国内的民族学、人类学学科培养的博士、硕士撰写的相关学位论文还不常见。现有相关学科的博士、硕士学位论文较多地还集中在利用民族学、人类学的经典传统理论进行研究。因此，本书试图在传统学科已有的研究模式上，借鉴更多的其他学科的理论素养，诸如经济学的经济人、哲学的理性思维等方面理论，力图对侗族恋爱与婚姻习俗进行一次新的诠释，从而加深人类对文化传统和自身行为的领悟与理解。

第二，就关于侗族的研究来看，较多的笔墨仍然是着眼于涉及整个侗族的生产生活相关的各个方面，而就利用侗族生产生活的具体案例进行专门理论的验证相对较少。本书尝试利用阳烂侗族行歌坐月习俗的具体案例，在解释某些具体理论（如仪式理论、社会网络理论等）的基础上，力图达到丰富理论视野和延伸思维触角的目的。

第三，本书试图通过行歌坐月的形式看文化现象，即恋爱的具象，又因为恋爱算是婚姻缔结的一种前奏，由此还可以达到看侗族婚姻文化的目的。而通过对侗族婚恋制度的折射，可以加深对侗族文化的理解，并最终达到理解整个人类社会及自身的目的。以由小见大的发散性思维来解读社会现象，是本书开展研究的方法和重要手段。

第四，就目前来看，对侗族的恋爱与婚姻习俗的研究除了一般介绍性的文字之外，具有深度的更高理论视野的研究还有所缺失，这从前文的研究综述可窥一斑。本书试图对侗族的行歌坐月习俗进行深描，从而为人们建构起一个更具细节性、更有立体感的侗族婚恋文化全貌。

三、基本范畴与研究方法

（一）行歌坐月与变迁两个概念的界定

1. 行歌坐月概念界定

行歌坐月作为一个词组，是历史上中原汉族对侗族相关习俗文化的表述。本书沿用行歌坐月一词指代侗族的相关习俗文化，主要涉及狭义和广义范围的两方面内涵。狭义范围内的行歌坐月主要指具有严格的时间限制（夜晚）、专有的场域条件下，进行的情歌对唱行为及方式；广义范围的行歌坐月则主要指以歌尤其是情歌为媒介的情感交流方式及其他行为。前者对这一词组中的两个动词，即“行”和“坐”的要求较严格，是使得习俗活动成立的必备条件，后者对活动开展的条件要求相对宽松，突出的主要是“歌”。之所以出现对其广义范围的界定，在于原本在传统社会中被规范化、固化的行歌坐月习俗如今受外来文化的冲击，已经越来越成为民族本身对外输出文化的重要形式之一，换言之，也就是指最初的行歌坐月已经开始变得面目全非，而成为可能的展演形式了。本书的研究对象行歌坐月习俗主要分为两种类型：一是节庆和人生礼仪活动中附带的行歌坐月，二是专门进行的行歌坐月。

一般认为史书中记载的行歌坐月指的就是侗语“甲寨（走寨）”“甲腊乜（走姑娘）”“俩腊乜（访姑娘）”“甲乌（走聚堂）”“瑞乜（坐姑娘）”“吝乜（跟随姑娘）”等等。《侗族简史》认为史书中将侗族的这一行为称之为行歌坐月其实与上述那些侗语本来的含义不相符合。若以男女夜间于室内唱歌作乐而言，可引申为行歌坐月，即三五个年纪相当的姑娘，可不分辈分，于农隙晚上，特别是冬末春初夜间，聚集在一家纺纱织布，或做针线绣花。三五成群的青年小伙子，或徒手，或携带格以琴、琵琶，到女家唱歌，谈情说爱，直到深夜甚至黎明才归。[①] 具体到阳烂侗族，他们将行歌坐月称为“览”，主要是在为首的一名青年女性家的火塘边进行。由于阳烂侗族的所有建筑都是三层楼的房子，火塘设置在二楼的中间位置，所以活动特定的区域位于二楼中间的火塘边，火塘边的两间厢房主要是父母及长辈居住，一旦行歌坐月进行到某一阶段，围观的家长和长辈都要回避进房。

2. 变迁概念界定

对行歌坐月习俗的研究，离不开具体的社会文化政治背景，而面对经济全球化进程急剧加速的今天，侗族社会无疑被卷入了这场声势浩大的社会变革之中，各种维度的变迁成为常态。因此，要对本书的研究对象进行动态的解读，必然需要将其置于社会文化变迁的背景之下来审视。社会变迁与文化变迁同属于变迁的两个不同维度。

克莱德·伍兹认为，文化变迁是一个辩证的过程，即一方面变迁中必然有某种文化传统的连续性，否则就是文化的裂断或消亡；另一方面在传统的连续性中必然产生变迁，否则这种文化也由于无法应付环境的挑战而窒息了自身的生命力。[②] 张咏提出“过渡性”概念，认为它是文化变迁的本质特征。不经过“过渡状态”的文化变迁是不真实和不可靠的。一种文化的发展在年代和区域的排列与分布上往往会产生扩散的“区域”和“渐变期”，形成“过渡状态”，通过这个“过渡状态”，一种新的文化模式得以组合与重构。[③] 对于变迁，存在两种极端的观点：倡导悲观论的罗伯特·帕克指出：“我们正生活在……一个社会瓦解的时代。万物都处在一

① 参见《侗族简史》编写组、修订本编写组：《侗族简史》，民族出版社，2008 年，第 243～244 页。

② ［美］克莱德·伍兹著，施惟达、胡华生译，王彪等校：《文化变迁》，云南教育出版社，1989 年，第 4 页。

③ 张咏：《试论文化变迁的“过渡性”》，《新疆大学学报》（哲学社会科学版）2006 年第 2 期。

种不安的状态中——万物看起来都在经历变迁……给常规的社会生活带来任何改变的任何形式的变迁，都可能使习惯分崩离析；在现有社会秩序所依赖的习惯瓦解的过程中，社会秩序也随之坍塌。影响社会生活和社会常规的任何新事物都能带来社会的瓦解。任何新发现、新发明、新想法，都能扰乱秩序……任何看起来能够为生活增添趣味的事物，对现有的社会秩序来说都是令人困扰的。”[①] 另外也有学者抱持着一种积极的态度，提出了文化调适论，如杨庭硕就这样定义调适了的文化：“文化调适是指一种文化在面对生存环境的变化时，出于提高对自然资源利用效益的需要，为了使该种文化获得更强的生存和稳态延续能力，凭借该种文化所属成员的经验积累和技术的提高，并通过实际运行以新陈代谢方式淘汰、改造和新增某些文化要素，经过逐步地进行文化要素及其结构的重构和整合，形成一种更具生存能力和稳态延续能力的新型文化。”[②]

就社会变迁这一问题，史蒂文·瓦戈在其《社会变迁》一书中做了系统的论述，他承袭了前人的说法：“有多少种研究社会的方式，就有多少种描述社会变迁的方式。对于政治家来说，这是一句司空见惯的流行行话；而对于一个新上任的学院领导来说，变迁则是其首先会谈及的一件事。经济学家、人口学家、人类学家、政治科学家、历史学家以及社会学家将他们自身的专业学术规范带入不同的对变迁的概念化中。”[③] 虽然处于百般无奈与反复肯定与否定之间的摇摆，对社会变迁的定义仍然是所有研究者必须面对而无法回避的第一个问题。因“具体如何定义（社会变迁）受作者的理论和意识形态取向的影响”，[④] 本书倾向于史蒂文·瓦

---

① Robert Park. Social Change and Social Disorganization. New York: St. Martin’s Press, 1975. pp. 38－39.

② 杨庭硕、吕永锋：《人类的根基——生态人类学视野中的水土资源》，云南大学出版社，2004 年，第 266 页。

③ ［美］史蒂文·瓦戈著，王晓黎等译：《社会变迁》（第 5 版），北京大学出版社，2007 年，第 6 页。

④ 同上。

戈的论述："现在已经有大量强调变迁不同特征的大胆尝试，以下这个关于社会变迁定义的样例，将集中在二战后社会变迁研究文献中强调的主要领域。随着时间变化，以不同方式被突显的因素分别是：群体行动、结构和功能，以及社会关系。"[①] 史蒂文·瓦戈在综合参考了前人的社会变迁定义之后，认为对于这些社会变

① ［美］史蒂文·瓦戈著，王晓黎等译：《社会变迁》（第5版），北京大学出版社，2007年，第6页。此注释将特别对"群体行动、结构和功能，以及社会关系"进行解析，没有特别说明之处，表明均参考自史蒂文·瓦戈的《社会变迁》一书。(1) 不同的群体行为：在最具体的含义上，社会变迁意味着为数众多的人投身于集体行动和关系，这些集体行动和关系不同于他们或他们的父母以往某个时候所投入过的。正如汉斯·格兹和怀特·米尔斯所指出的："我们用社会变迁来指一段时间内，角色、制度或组成一个社会结构的秩序的出现、发展和衰落方面所发生的任何事情。"……这些状况反映了如下一些因素：新技术的引进，新的谋生手段，居住场所的变化，新的发明、观念以及社会价值。因此，社会变迁意味着人们工作、养家、教育孩子、自我管理以及寻求最终的生活意义等方式上的改变。(2) 社会结构中的变迁：许多社会学家都把社会变迁视为社会结构中的变迁，或是社会结构的改变，例如封闭的、未开化的小型社会的结构转型。例如，莫里斯·金斯伯格写道："我理解的社会变迁是社会结构中的变迁，例如，社会的规模，其组成，或其中各部分的平衡，或是其组织的类型，这样变迁的例子有家庭规模的缩小……随着城市的兴起土地经济的衰落，从'庄园'向社会阶层的转变……"从一个略微不同的视角来看，"社会变迁是社会结构（即社会行动和互动的模式）的重大改变，包括那些体现于规范（行为规则）、价值、文化产物和象征之中的这些结构的后果和表现"。社会结构（包括地位、角色、群体和诸如家庭、宗教、政治，以及经济系统这类制度的社会行为模式）会在变迁中被加以强调，是可以理解的。社会结构并非固定不变、紧密联结或协调一致，而是变动不居、松散组织、分歧丛生。(3) 社会结构和功能运行中的变迁：其他人则强调，社会变迁不仅是结构中的变迁，也是社会功能运行中的变迁。"社会变迁包括社会系统或子系统在结构、功能运行或某段时间进程方面的变革"。同样地，"'社会变迁'的含义仅仅是那些发生在社会组织——即社会的结构和功能——之中的改变"。哈里·约翰逊进一步详细评论道："社会变迁是一个社会系统结构中的变迁，本来是稳定的或相对不变的发生了变化。在结构性的变迁中，最重要的是那些对系统的功能运行造成后果——如更高效（或更低效）地达到其目标，或者更高效（或低效）地实现系统要存续下去所必须满足的条件"。(4) 社会关系中的变迁：一些著者主要从社会关系中的特定变迁中来考察社会变迁。例如，"社会变迁指的是社会关系中的变迁……人类互相间产生关系的变动的方式"。大约一代人之后，贾德森·兰迪斯以同样的方式写道："社会变迁是指一个社会的社会关系的结构和功能运行中的变迁"。(5) 社会结构和社会关系中的变迁：罗纳德·埃德里在他的定义中把社会结构和社会关系这两个因素结合了起来："当我们谈论社会变迁时，在最低限度上我们意指两件事情：a、随着时间的流逝，社会实体的构成中的变迁；b、随着时间的流逝，实体之间的关系中的变迁。"按照一种有点更宽泛、更综合的观点，罗伯特·尼斯贝特把社会变迁视为"持续性的同一事物之中的一连串时间上的差异"。罗伯特·劳尔认为，变迁是"一个综合的概念，指从个体到全球的人类生活的不同层面上社会现象中的变化"。而约翰·马西奥尼斯则将其简单总结为"文化和社会制度随时间变化而发生的转型"。

迁的定义，一个普遍的困难是如何将其具体化，即如何将抽象概念上的现实与实际生活中的现实等同起来。因此，他提出分离出各种定义中重点强调的因素：社会结构、社会的功能运行、社会关系、社会过程的形式，以及时间等，并将这些因素升华成“一个不同取向的，具有可操作性的社会变迁定义”：出于现实应用的目的，社会变迁被概念化为社会现象中有计划的或无计划的、性质或数量上的改变过程，这个过程可以结合五个相互联系的成分（变迁特征、变迁层面、持续时间、程度、变迁速度）来进行分析。①

以上就变迁两个维度的论述侧重点各不相同，但它们都表达了有关变迁的共性：变迁的程度因时而异，突出了民族社会文化变迁在不同时期表现出不同的特点，一段时期可能是缓慢而隐蔽的，一段时期又可能是剧烈而显著的，这和变迁能力息息相关。历史发展至今，任何一场社会变革都不若今天的革新来得猛烈和显著。正如哈维兰所认为的那样：“也许任何时候的变迁步伐都比不上今天，因为全世界传统民族都要受到工业化国家直接或间接地‘改变他们生活方式’的压力……所有文化都会在某个时候因不同原因而发生变迁。尽管人们会针对一些看得见的问题有意改变他们的应对方式，但很多变迁是偶然的，其中包括当前事件可能会产生的一些不曾预料到的结果。或者，与其他民族接触也会引入‘外来的’观念，导致现存价值和行为的变化。这甚至可能

---

① ［美］史蒂文·瓦戈著，王晓黎等译：《社会变迁》（第5版），北京大学出版社，2007年，第7页。史蒂文·瓦戈对五个成分进行如下界定：（1）变迁特征（identity）指一个特定社会现象经历了以下诸方面的转变：一定的实践、行为、态度、互动模式、权威结构、生产率、投票模式、声望以及分层体系；（2）变迁层面（lever）表明一个特定变迁在某个社会系统中所发生的位置，可以指出几个层面，如个体、群体、组织、制度以及社会；（3）持续时间（duration）指一种特定变迁形式在其被接受之后持续多长时间的问题，它可能指长达一生的变迁，也可能指短期（短暂的）变迁现象；（4）程度（magnitude）可能建立在渐进的或外围的变迁、全面的变迁、革命性的变迁这三类上；（5）变迁速度（rate）可能建立在任何一个随意的尺度上，例如快或慢，连续的或间断的，有序的或反复无常的。

包括，因为一个群体被另一个群体征服而大量强加的外来的习俗。文化通过变迁能够调适于改变了的环境；但是，并非所有的变迁都是调适性的”[①]。

（二）应用理论和研究方法

常常听专家、学者传道授业时，严厉批评一开口就谈及论文选题采用什么理论进行论证的话语，但由于计划研究时受理论思考惯性的影响，笔者还是冒着风险，试图阐述本课题可能会运用到的理论。值得说明的是，对这一课题的研究，笔者绝不是经历一个有了理论才去找案例或者有了案例而去简单套理论的研究过程。尽管事实上很难说明是先有理论还是先有案例，就犹如陷入“鸡生蛋”还是“蛋生鸡”的纠葛一样，无法给出个明确的答复。但是，至少“对于历史学家来说，原始资料绝对不会自己解释自己，对于社会科学家来说，也不存在这样的数据。数据需要解释。因为基于自身的经历，存在着不同的社会真理，所以理论和方法论的任务不是创造真理，而是达到解释的真实”[②]，因此，对应用理论及研究方法的介绍也成为本课题研究框架中必须说明的问题。

本书涉及的理论除前文中所提到的一些外，主要还有文化再生产和场域理论、功能主义理论、解释人类学理论、仪式研究理论等。本书注重将文献分析与田野调查相结合，主要采取实事求是的实证研究方法，依托丰富、翔实而客观的材料，致力于辩证地把握好研究对象的实质。此外，还运用“跨文化比较”“历史过程分析”“主位与客位研究”“定量与定性研究”“大社会与小社会研究”等技术和方法，进行综合性解剖。涉及的学科研究理论及方法主要有民族学、人类学、社会学等相关分支学科及交叉学科的理论与方法。

---

① ［美］威廉·A. 哈维兰著，瞿铁鹏、张钰译：《文化人类学》（第十版），上海社会科学院出版社，2006 年，第 454～455 页。

② ［德］阿特斯兰德著，李路路、林克雷译：《经验性社会研究方法》，中央文献出版社，1995 年，第 1 页。

理当说明的是本书中用以佐证分析的案例和材料，除笔者获得的实地调研资料以外，也有部分资料是通过查阅已有各种类型的文献所得（包括吉首大学内部编印的相关民族志材料）①。但无论素材的来源如何，笔者均经过了多次与村民访谈的验证。

四、田野点介绍与研究框架

（一）田野点介绍

本书研究过程中选定的田野点位于湖南省怀化市通道侗族自治县阳烂村。阳烂村位于湖南省的西南部，东经 109.77°、北纬 26.16°的湘、桂交界处，西与贵州省相邻，海拔 400 余米。年平均降水量都在 1200 毫米以上，气温年平均在 16℃左右。气候温和，雨水充沛，春少霜冻，夏无酷暑，秋无苦雨，冬少严寒，晨昏多雾，雨后爽朗，是适宜发展农业生产尤其是水稻种植的村落。同时，事实也证明这里的农业曾一度高度发展，形成了完善的农耕生计模式（详见后文）。

该村坐落于丘陵地貌中，它依山而建，面临溪河，是一个典型的山脚河岸型侗族村落，并处于“百里侗文化长廊”的腹心地带。中华人民共和国成立前阳烂村属广西壮族自治区三江县管辖，直到 1954 年才划归湖南省通道县坪坦乡，距离通道县城双江镇 21 公里。阳烂村东邻陇城乡坪稳村，南毗广西三江县林溪乡高秀村，西与高团村隔河相望，北接坪坦村。河流自西南高团村蜿蜒盘曲流向北再弧形折向南入村，水入寨处为寨头，出寨处为寨尾，寨头有石墩水泥桥、鼓楼，寨尾有风雨桥。寨中木楼层层叠叠、错落有致，鼓楼、戏台屹立其中，芦笙坪、古井等更是各具特色，

---

① 本课题在收集资料时，得到了吉首大学杨庭硕、罗康隆等教授及钟立跃同学的帮助，他们无私地将自己调查到的前期资料和田野调查感想与笔者分享。

营造了一个良好的聚落生态文化氛围。

从依据语言划分的侗族支系来看，阳烂村属于南侗支系。相对北侗来说，南侗被认为是保存了较多侗族传统文化元素的区域，[①] 这里的传统文化氛围浓厚，行歌坐月习俗源远流长，并且至今还能找到众多的知情人和参与者。这成为课题研究的天然田野选点。虽然在社会文化变迁的背景下，行歌坐月习俗业已发生改变，但阳烂村的该习俗仍然具有传统性和自身特点，与其他侗族聚居区相比有着一定的典型性和代表性。

阳烂侗寨家庭户主全为侗族（自 1993 年对外务工人员的输出开始，此村便陆续有外省媳妇嫁入，共计 15 人），属侗语南部支系。截至 2008 年 12 月，全村共 676 人（男 344 人，女 332 人），其中外出 250 余人。在随机调查行歌坐月方面，笔者着重统计了该村 185 户，其中 4 人未婚，2 人无调查数据；有效调查数据 179 户，包括男户主 169 人，女户主 10 户（女婿上门的），有效率 96.76%。

（二）内容框架

本书除绪论和附录之外，正文共分为七个部分对阳烂侗寨行歌坐月习俗的文化背景、场域、隐喻、目的、功能、变迁及传统文化的反思等进行了演绎式的分析。

绪论作为全书的开篇内容，分四块阐述了整个研究的缘由、综述、理论基础、方法及框架等，交代了与研究相关的资料来源，

---

① 学界一般按文化类型划分，将侗族分为南部和北部区域，认为南部侗族比较完整地传承了侗族传统文化和保存了原生文化生态系统。将使用侗语南部方言、具有侗族原生文化特征的人群所居住的区域称为“南部侗区”的原因，主要是从人类学的意义上来讲，借助文化人类学对族群地域的划分方法，以不同的文化特征作为地域的划分标准，模糊了它本身蕴含的自然地理意义，而视其为一典型的文化概念。从目前的行政区划来看，主要由连片的贵州省锦屏县西南（九寨等）、榕江县、从江县、黎平县，广西壮族自治区的三江侗族自治县、龙胜各族自治县、融水苗族自治县，湖南省的通道侗族自治县、靖州苗族侗族自治县一部分侗族聚居区共同组成。参见廖君湘：《南部侗族传统文化特点研究》，民族出版社，2007 年，第 56 页。

并对田野点进行了概括性的介绍。这部分内容作为整个研究的第一部分，主要目的在于厘清研究的现状及因之引出的研究意义，在全书的布局上起到了提纲挈领的重要作用。

正文的第一部分，受文化整体观的影响，在于对行歌坐月的文化背景做一个交代，起到将研究对象放在特定的历史文化背景及氛围中去理解的作用。也正如“养鱼要养在水中”的道理一样，只有对作为习俗活动背景的文化体系有充分的了解，才能从真正意义上对具体事项进行有条理而清晰的分析。第二部分，笔者在布迪厄“场域理论”的指导下，展开了对行歌坐月习俗场域的阐述。这部分内容主要从三个方面进行探索，即“固定与流动的时空”“‘夜光下’的完整表达”和“文化持有者探析”。前两部分内容在于表述场域概念中的“时空”观念，而最后一部分内容在于对行歌坐月主体“人”的场景分析，虽看起来与前两部分内容之间缺乏逻辑或递进关系，但笔者于此处将其提出来，主要考虑到的是它在整个场域活动中的角色重要性。人作为文化持有者，既体现了行动的主观能动性，又创造了具体的场域，甚至创造了文化的“时空”。第三部分，着重挖掘行歌坐月习俗背后隐藏的意义，这样的意义通常都要通过一定的形式展现出来，具体到阳烂侗寨的行歌坐月活动，则尤其体现在其作为口头表达艺术的歌。行歌坐月中的歌不是艺术展演的手段，而是实际生产生活的反映，体现了侗族村落社会的伦理性、团体性和实用性。这部分还阐述了关于行歌坐月的一个重大事实就是人们很容易忽视的，行歌坐月的范围实质上是与婚姻圈相重合的，并指出了该习俗对引导人类学仪式研究的重点转向方面的意义，最后抛出了行歌坐月不光是一种习俗，更体现了阳烂侗寨“小社会”的婚恋制度及其传统文化的特点。正文的第四部分和第五部分，从某种意义上来说可合并为一块，但鉴于目的的直接性与功能的间接性之间的区别，仍然做了分开来阐述的处理，在于突出两者之间的差异和层级区别，前者要描述的重点是对以个体面目出现的“人”的重视，后者则在于对由人组成的社会集体性的关注，在于强调行歌坐月对整个侗族社会网络再建构的影响。正文的第六部分，不忘将行歌坐月习俗放在社会文化变迁的大潮流之下去展望，同时，亦提出了笔者对以行歌坐月为代表的侗族习俗文化走向的些许担忧。正文的最后一部分——第七部分，经过上述前六大部分的层层递进论述，在这里试图进行理论范式的建构，提出传统文化的理性逻辑、文化对族群性格的影响等观点。

本书第七章重点在于总结阐述传统的价值，认为传统并非应该是被束之高阁的遗产，或用于感受乡愁的念想和记忆，而应该是重塑民族精神和文化自信的重要砝码和载体。传统的未来也即是民族的未来。然而，为避免课题研究体例的被打破，笔者没有将后续展开的关于大范围概念里就“传统理性、价值、意义”的相关内容融入全书中来，尤其是当传统变成遗产，我们如何保护、传承与发展，并运用新的方式（比如生态博物馆的方式），承担起建构关于民族历史、记忆与认同的永久的人类遗产基因库，让博物馆成为文化遗产（传统）保护与传承的最牢固甚至最后防线等内容，而是采用附录的方式，一方面将相关资料（比如阳烂侗寨至今流传的款词）辑录在最后，另一方面选取三篇代表性论文捍卫心声，直抒对传统的重视，以及对未来的担忧。第一篇的意义在于探讨了现代化进程中侗族地区乡村治理模式的文化机制，也即传统及其表现形式的意义；第二篇在于阐述当传统及其表现形式变成遗产，我们业已采取的办法、所取得的成绩，并总结反思不足之处；第三篇则是当传统及其表现形式变为遗产，而文化遗产不再那么具有主动“造血”功能和生命力的时候，作为公益性文化机构而且是永久性组织的博物馆，就成了对传统进行捍卫的最后防线，要让这道防线坚不可摧，民族情感与文化自信还有来处与归途，博物馆如何讲述民族的历史与文化多样性则是新的领域和征程了。附录三篇论文用意如斯。

第一章　阳烂侗族行歌坐月的文化背景

民族学及文化人类学典型研究体例之一，就是以个案（某个村落）为解剖对象，通过田野实地参与式的调查，而反思研究对象，并以期达到建构民族学或文化人类学自我的理论之目的。民族学及文化人类学与田野研究紧密相连。甚至，它们的田野工作与研究曾一度成为这一学科开山立派的镇山之宝。著名人类学家哈维兰认为，田野工作如果正确地完成，它的最终成果是关于一种文化的条理分明的陈述，为理解被研究民族的观念和行为提供解释的框架。[①] 本部分内容将立足于田野调查而直接介入工作点，从村落概况、村落历史、村落文化与村民的生活等方面着手描述阳烂这个历史久远的侗族村落。在这样整体的解读中，为阳烂侗族的行歌坐月习俗提供一个较为完整的文化生态背景。

① ［美］威廉·A. 哈维兰著，瞿铁鹏、张钰译：《文化人类学》（第十版），上海社会科学院出版社，2006 年，第 25 页。

一、丘陵中的侗族村落

（一）村落起源的记忆与表达

每一个民族甚至村落都有关于自身起源或来源的历史故事，这些关于起源或来源的记忆成了村民们最早的记忆，他们通过这些记忆不但追溯了自我的历史与渊源，而且表达了他们自身之所以存在于此处而非彼处的合理性解释。正如侗族在《起源之歌》[①]中所唱的："古人讲，老人谈，一代一代往下传；树有根，水有源，好听的话有歌篇；汉家有文好记载，侗家无文靠口传"，阳烂侗族有关于自己村落起源的口传故事。

调查的时候，龙 JY[②] 这样诉说阳烂的来源：

> 阳烂一名最早见于清代。据说，阳烂村民最先居住在高团村。高团村龙文全与龙满全两兄弟喂养了一对雌雄白鹅。某天，这一对鹅随着河流下来，跑到了阳烂这边的沼泽地带。两兄弟见鹅数夜不归，便四处寻找，在阳烂找到了，把鹅赶回家，鹅白天却又跑回阳烂。如此反复数次之后，直到两兄弟找鹅的时候还找到了鹅蛋和小鹅，醒悟这里是个好地方。这里地势平坦，坐东朝西，水塘条件不错，阳光充足，龙氏兄弟于是举家搬到这里，并取名阳（阳光充足）烂（侗语：那个地方，相对于高团来说）。龙文全死后，回葬高团的后背山，龙满全死后就葬于阳烂坟山。寨内现还有祭奠满全公的神地。后杨氏搬入阳烂村，与龙氏共同创造了阳烂村的历史。

① 作为笔者重要访谈对象之一的杨 ZP 老师向笔者吟唱过这一古歌。杨 ZP，男，1952 年生，高中文化程度，土生土长的阳烂人，退休于坪坦乡中心小学。

② 龙 JY，男，1956 年生，小学文化程度，土生土长的阳烂村民，被誉为阳烂侗寨文化人，既是村里的草药医生又是银器制作匠人。

龙、杨两姓在此居住，俭朴贤惠，勤劳勇敢，开田垦荒，植树造林，截涧造地，养殖鱼虾，畜牧牲畜，种植水稻，繁衍后代，把阳烂村从最初的几户发展繁衍成今天的上百户。

《侗族史诗——起源之歌》一书中也有“祖公落寨”唱咏高团、阳烂一带侗寨的诗：“初进高团杀猪上千，下到阳烂杀牛上万。酒多禾足，肉多厨满。拿上堂都，扶上堂款。”[①]

另外，杨ZP也向笔者口述了这样一个故事[②]：

我们这支杨氏家族祖先从靖县飞山来到独坡上岩村，由于他们非常勤劳，所以过着很富裕的生活。人们认为这是他们的祖坟风水好，祖宗在保佑他们。但是先民却吃饭吃菜都没味道，吃什么都乏味。有一天来了一个猎户，手里提着一只野猫。先民就半开玩笑半是认真地说：“你的猫好大啊，煮起来一定很香吧?”猎户说：“那当然。”先民说：“卖不卖啊?”猎户说：“不卖!”先民说：“如果你把野猫卖给我，我就把畔上的十多石大田全给你。”猎户说：“真的假的？你会把田给我?”先民说：“真的。”先民还指天发誓说：“天啊，我从来不说假话，我愿意把田给他。”猎户就把野猫给了先民，先民也真的把田给了猎户。现在独坡上岩村仍然有野猫田畔这个地方。先民虽然吃了野猫，但吃饭仍然还是吃不香。

有一天，一名风水先生路过该村，先民就问：“先生，我们怎么会这样，我们很富有但是吃不香?”风水先生说：“你们祖坟前面的岩石上有个龙头，要吃得香就把舌头敲下来一点。”先民就真的去敲了，可是连到舌喉里面都敲下来了。先民越吃越多，第二天杀了一头牛都吃光了。越吃越多，吃到把田地都卖光了。先民的生活越来越艰辛，有的到外面去当

① 参见杨权、郑国乔：《侗族史诗——起源之歌》（第3/4卷），辽宁人民出版社，1988年，第50～51页。

② 后来，杨ZP老师将这一故事理整成文用以参加县里举行的征文比赛，当时（2009年4月）杨老师还将该文发给笔者修改。

长工、短工，有的到外面去做小生意。有一天，先民来到阳烂这个地方，看到这里田地多，就对阳烂村民说："让我给你们做长工吧，我只要有口饭吃就行。"村民就说："真的？不要工钱？"先民就把情况告诉了村民。这位村民就对先民说："你来我们阳烂吧，这里还有很多田地没有开垦，如果你们来，我们就做结拜兄弟。"先民回独坡后，把阳烂的情况告诉家人，然后就迁到阳烂来了。在石塘小坡上种竹子，开发出来后就成为平地，把这块地方作为屋基。龙、杨两家从此结为兄弟，世代友好，杨家先人还交代子孙以后要与龙家和睦相处。现在龙、杨两家关系一直很好，个人之间打架了也不准记仇，过后和好如初。在外面龙、杨两家自称兄弟，如果杨家人在外面与别人打架，龙家人看到就会说："这是我兄弟，你不能打我兄弟。"可见在阳烂村民心目中是十分认可两家兄弟般的情谊的。

……

阳烂村原本没有杨姓人居住，最先在阳烂村居住的是龙姓侗民。杨姓侗民是后来才迁来的。杨姓先后从三个地方迁来，他们分别是由今独坡乡老寨村、独坡乡上岩村、坪坦乡坪坦村迁来。这三支杨姓当时并不统一姓杨。从坪坦来的一支是姓阳，从独坡乡老寨村来的是姓扬，不知什么原因后来都改为姓杨了。

这样的口述追忆结果与今天的阳烂村只有龙、杨两个家族的现实是相符的。同时，还有一个佐证材料可以证实阳烂村龙姓为同宗，而杨姓却是合宗而成，那就是同村杨姓可通婚，同村龙姓不能通婚的婚配制度。

总之，正是以上传说故事及习俗为阳烂村落的起源呈现了一个大致的轮廓，有助于加强对阳烂侗族族群性格历史渊源的把握。

（二）物质实证中的村落历史

可以追溯到的阳烂历史除了口耳相传的关于阳烂一词作为村

名的由来及村寨家族史之外，阳烂侗族村寨还有明确年代标记的栖居建筑。栖居建筑作为一种有形的物质实证，从另一侧面展示了阳烂侗寨的悠久历史。

阳烂侗寨现存最早的建筑是乾隆二十九年建成的河边中寨大门楼及土地宫，现在仅可见遗址。保存最为完整并至今还在发挥作用的是河边龙头鼓楼。根据横梁上的年代落款推算，河边龙头鼓楼修建最晚时间应为乾隆五十二年。该鼓楼坐南朝北，占地面积 242 平方米，纯木结构，不用一钉一钮，分门楼、主楼、前楼和连接走廊四部分。门楼为三阙重檐式，立柱均用穿枋与主楼檐柱连接。主楼系三重歇山顶式，青皂坡屋里，高 8.2 米。前楼两边缀有花刻式的门齿，用木块塑造出张开大嘴露出牙齿、红舌的龙头，远观有气吞河水之势，与整个中心寨住屋排列形成了弯颈仰头巨龙形状。1996 年被定为省级文物保护单位。河边龙头鼓楼最初并没有画龙头张大嘴露齿吐红舌，是因为听了当地风水先生的说法，才改造成这样。

当地风水先生认为，村落房屋均坐东朝西，结合山形水势共同构成了该村风水。东方甲乙木，现存一棵古枫树是阳烂的风水树。北方壬癸水，位于村口的古井，清凉甘甜，长年不断，滋养着整个村寨。这股水是从西北 800 米大崇山上流下来的，无论旱涝，从不混浊或枯竭。西方庚辛金，西北 800 米大崇山是整个坪坦境内最高山，山势威严峻秀。金乃利器，形似一把巨弓，金箭不断射进寨中。南方丙丁火，河对岸三座小山头连成一体，一眼望去，端端正正犹如一个“品”字，村民俗称为“一品山”，传说这三座山头是三盏神灯。然而，阴阳盛衰、五行相克，寨中的风水并不完整。此处北方壬癸水弱，南方丙丁火旺；西方庚辛金盛，东方甲乙木衰。村口虽有一古井，但山泉水太小。西方大崇山金旺能生水，却易引起山洪，加上金为利器，弩箭直射寨中，必须有物相克。为此在寨边兴建一座龙头鼓楼，张开巨口，一来不断汲取大崇山上的雨露，让村口甘泉常年流淌；二来把山洪吸干，不让洪水给村寨造成灾难；三来张嘴咬住射来的利箭，以保村寨太平。据说，阳烂侗寨从来没有哪年的洪水能漫到鼓楼的龙嘴。1973年河水暴涨，淹没河对岸的大片农田，但也仅仅只浸到龙头的垫柱石。侗寨民居系用木料建成，最怕火灾。因南方一品山上三盏油灯过旺，聚成火神在河对岸肆虐，火神不断寻找过河进寨的机会。侗寨自古以来有款告诫村民，如白天狗窜屋梁、傍晚鸡鸣不息、半夜耕牛乱吼，是为火警的预兆。据传曾有一段时间寨中鸡犬不宁，人人胆战心惊，请来巫师查看原因所在，说是南方火神活动频繁，村寨即将发生火灾。为了克住南方丙丁火神，在风水先生指点下，一是在三盏油灯下的冷冲第一个鱼塘底埋下三口大缸镇住火神；二是严禁架设连接两岸的桥梁或渡槽；三是建造龙头鼓楼取水克火保护村寨。本寨码头是坪坦[①]至广西林溪[②]的必经之路，行人络绎不绝。自古以来仅在河中放几块跳板，让人过往，一旦河水暴涨漫过跳板，来往行人只能隔岸兴叹。为了方便群众，1988年村民原设计在鼓楼下三十米处架桥，但为了杜绝火神过河，最后将“同心桥”改建在龙口上方，让神龙看住火神，并特意在桥的南端留下五厘米左右的缝隙，不使南北两岸相连。[③]以上带有明显主位理解的风水解说，如果套用绝对的物质观，该被划为迷信行列，但是在越来越自由和宽广的文化理解与包容中，这样的主位乡土观念更能够带给人们的是对其背后深层含义的挖掘。阳烂侗族对自我村落栖居风水的理解，完成了他们对自我居住文化的建构过程，这一建构过程既反映了阳烂侗族人的民族个

---

① 地名。

② 地名。

③ 访谈对象杨老师、龙医生。杨老师将“河边鼓楼画龙头张大嘴露齿吐红舌”的缘由整理成文用以参加县里举行的征文比赛，当时（2009年4月）杨老师还将该文发给笔者修改。

性与心理，也是侗族整体文化重要的组成部分之一。[①]

此外，阳烂侗寨还有近现代时期修建的戏台和风雨桥。这两大建筑的修建，反映了阳烂人在追求物质生活富足之余，还具有较高的情操，他们对精神文化的需求也是积极而诚挚的。1945 年修建的戏台，是阳烂人为了满足自我好歌、善舞、乐戏的传统而建立起来的。配合芦笙坪作为观众席，这样的戏台演出可吸引方圆十里八乡的侗人前来观看侗剧、桂戏、歌舞表演。这样的聚会建构了侗家人广泛的社会网络，更是为行歌坐月习俗的源远流长准备了丰厚的土壤。而 1954 年修建的风雨桥，无关乎其说法来历，更是沟通湖南与广西交界处居民往来的必经之路，为周边人们的社会交往和生活提供了很大的便利。围绕这座桥，也建构起了一个更广泛的市场圈、婚姻圈乃至社会人际交往圈。

（三）特定环境下的居住格局

所谓居住格局，是人们为了适应一定的环境而创造出来的满足居住需求及其他衍生需求（如方便生产、生活、满足精神需求等）的人与环境、自然之间的文化关系。对居住格局的解释，必然会涉及村落。村落是聚落的一种基本类型。《史记·五帝本纪》中说："一年而所成聚，二年成邑，三年成都。"《汉书·沟洫志》也说："或久无害，稍筑室宅，遂成聚落。"可见在聚落形成之初，村落与聚落的含义是相通的。现代含义的聚落则是所有居民点的通称。人类环境科学的开拓者，希腊学者道萨迪亚斯的《人类聚居学导论》指出，聚落包含乡村型聚居与城市型聚居两种类型，村落（村庄）属于乡村型聚居类型中的复合永久型聚居方式。[②] 村

---

① 参见舒丽丽《从"主位"到"他者"的理解——对阳烂侗族栖居文化的人类学解读》（载《原生态民族文化学刊》2009 年第 2 期）一文，作者认为阳烂侗寨的栖居风水是建构在民族历史及其文化基础上的，认为栖居文化是阳烂人的一种信仰和审美哲学，通过对栖居风水的解读可以达到反思文化研究、加深人与人之间理解与包容的目的。

② 参见蔡凌：《侗族聚居区的传统村落与建筑》，中国建筑工业出版社，2007 年，第 17 页。

落是承载特定人群繁衍生息的场所，村落有其形态。所谓村落形态可视为人们对其所居住的地点加以整理的方式。它包含住宅的布局以及属于社会集团生活性质建筑的布置，这些建筑反映了自然环境和建造者的水平以及各种制度。从外观形象上看，村落形态表现为村落平面的形式以及村落在空间高度上的形态。从这样的定性出发，可将侗族聚居区传统村落大致分为团聚图示和均质图示。[①] 从以上的意义出发，村落形态直接反映了特定环境下人们的居住格局。按照这样的村落形态划分，显然，阳烂村属于团聚图示。而具体来说，从阳烂的村落历史及物质实证可以看出，它属于双核团聚型，有两座鼓楼，两个姓氏，两个中心。这样的村落形态，导致了阳烂侗寨的居住格局形成以两座鼓楼为中心，配合周边的山形水势呈狭长形分布。

具体到阳烂村，与居住格局相关的村落形态，除了前文所述的建筑作为物质实证反映了阳烂的历史与社会状况之外，还有一些代表集体性的综合场所。这些共同展现了阳烂侗寨特定环境下的居住格局。

原先，阳烂侗寨的老人去世，要先请巫师根据死者生辰八字及去世时间推算下葬时间，有死者不能马上入土的就只能停放在外。但是，由于停放时间相对较长，短则月余，长则数年之久，致使棺材受风吹雨打腐烂不堪，造成了很不好的影响。后来嘉庆年间，有龙、杨二姓老人出主意，提议修建两姓的家祠用以置放

---

① 参见蔡凌：《侗族聚居区的传统村落与建筑》，中国建筑工业出版社，2007 年，第 253～259 页。所谓团聚图示主要是指村落有明确的中心，这个中心可能是单数，也可能是复数。村落中心数量为单数的村落构成单核团聚型，即村落就是包含一个中心的一个组团。它的规模不大，一般约几十户，一种情况是村落处于发展初期或由大村落分裂出来而形成；另一种情况是受地理条件限制，村落已经发展到一定规模，处于一种平衡的状态。村落中心数量为复数的村落构成多核团聚型，村落由若干个组团单位构成，每个组团各有中心。所谓均质图示主要是指无中心的村落，一是村落规模较小，大约二三十户，尚未建立起有序列的空间；二是村落规模较大，但属于中心缺失或中心消解的情形。

未能马上入土的死者。[①] 再后，家祠进一步演变成今天的专供放置提前为老人准备的空棺木的场所。这一建筑的最初修建，有别于鼓楼，是龙、杨二姓合用的，而鼓楼最初是一姓一座，是各自姓氏家族聚会和召开会议的场所，不允许外姓踏足。当然，随着时代演变，今天的鼓楼也早已不分姓氏，成为所有人都共有的资源。现在又有一种新的说法，针对阳烂的两座鼓楼，有人说是男鼓楼和女鼓楼，男人都集会在外鼓楼，女人则集会在内鼓楼。男女严格区分各自聚会交际的场所。但是，调查中，这样的解释也并非是村人的共识，甚至有些人直接提出异议，认为无所谓男女鼓楼之分。

阳烂侗寨内还有大小不等的十三口鱼塘，既为全寨提供了养鱼的场所，又能蓄水以防火。这对于阳烂侗寨的传统木质建筑来说，是至关重要的。此外，村内还有四口终年泉水不竭的好井，为全村提供了源源不断的生活用水。水井散布在村落各处，也为防火提供了极为便利的条件。这样的水源设施，究竟是阳烂先人们考虑到木质房屋结构特点的刻意所为，还是无意中形成的，不得而知。也许，无所谓因果，就是这样的自然，牵引着侗家人继续徜徉在生活的小道上，惬意、悠闲而率性，凸显了阳烂人物质文化和精神文化的双重价值取向。

对与居住格局紧密相关的村落形态的界定中，还提到了住宅建筑及其布局。“从人的居住行为的发生面角度来看，侗族聚居区内的居住建筑可划分为两种主要类型：一是干栏式住宅，即人的居住行为多发生在二楼以上，住宅利用多种结构形式将底层完全或部分架空；二是地面式住宅，即人的居住行为主要发生在地面层。这两种类型的住宅，其实代表了两种不同的生活方式和对‘地面’的整理方式。”[②] 按这样的类型划分，阳烂侗寨几乎全部的

① 这样的说法在村里老人中一直流传。

② 参见蔡凌：《侗族聚居区的传统村落与建筑》，中国建筑工业出版社，2007 年，第 122 页。

住宅建筑都属于干栏式。结合阳烂侗寨家庭居住习惯，一栋干栏式住宅就是一个完整意义上的家庭，因而建筑的分区必然要求满足家庭的功能需求，有礼仪空间、生活空间、生产空间等。这些空间通过廊道连接起来，成为既相互区别的独立空间，又统一成一个有机的整体。这样的居家布局，为其他习俗活动如礼仪性活动、隐私性活动、交往性活动等的顺利开展，提供了相对独立的空间，展现了阳烂侗族的生活理念。

此外，涉及通过建筑反映各种社会制度的还有位于村寨四角的四座庙宇（南岳庙、雷主庙、满全庙、飞山庙）。这些庙的独特之处就在于有庙无殿，都是用青石板铺地，上架岩板以便供放祭祀品。村民们对有庙无殿的解释是庙堂气盛，因此也会比较重，一旦都建了庙堂，鹭鸶鸟（意指阳烂的鹭鸶山形）会承载不起，而无法飞腾，并给村里带来灾难。这些庙既是村民们从事民间信仰的场所，也是全寨人集会活动的中心场地之一。南岳庙供奉的是南岳老祖，从南岳衡山请来；雷主庙供奉雷主，专管庄稼、生计方面，司雷公职责；满全庙供奉的是阳烂始祖龙满全，他是第一个进入阳烂村的人；飞山庙从靖州飞山大庙请来，供奉的是飞山侯王①，每年的二月初二，全寨侗民都要按时到这里集会祭祀。寨老②也利用这一机会，开款讲款，宣唱各项条款约规，如不准上山乱砍滥伐、偷盗、破坏农稼事项等，使大家共同遵守各项规章制度。

（四）守望家园的文化持有群体

阳烂村是一个典型的侗族村落，从人口上来看，全村除少数外来媳妇之外，都是侗族。族群作为一种文化类型表述的词语，具体到阳烂村来说，侗族的族群文化就是整个村落的文化，而侗族就是守望侗寨家园的文化持有群体。对整个侗族族源的研究直

① 一般认为供奉的就是侗族英雄杨再思。

② 阳烂侗寨公选出来的德高望重的长者，在村落社会生活中具有较高的权威，负责管理、协调、组织开展村落的重大事务。

接关系到阳烂村文化持有群体侗族的文化精神和性格。

《侗族简史》认为：侗族，自称干（gaeml）或更（geml）或金（jeml）。也有些地方的侗族被称为金佬（jeml laox）、金绞（jeml jaox）、金坦（jeml tanx），汉族称之为侗家，苗族称之为呆故（daix guv）。新中国建立后称为侗族。今之侗族地区的古代居民，据史记载，秦时称为黔中蛮，汉代称为武陵蛮或五溪蛮，魏晋南北朝称为僚；到唐代，在称僚的同时又称为僚浒或乌浒。自宋以后，这一地区居民的称谓更为复杂，分别被称为仡伶、仡佬、仡、仡偻、苗、瑶等等。至明代才有峒（硐、洞人）或洞蛮之称。清代则多称之为洞苗、洞民、洞家，或泛称为苗。历史上的这些不同称呼，是否同一族源，一时难以鉴别，但似可认为：仡伶乃是侗族的自称；峒人或侗家则是汉族对侗族的称谓。[①] 从族源上来看，认为侗族先民是古代的越人发展而来的观点在学术界达成了共识。《汉书·地理志》引臣瓒的话说："自交趾至今会稽七八千里，百越杂处，各有种姓。"越人是一个居地广大、支系繁多的庞大族群，故称百越。侗族先民是百越族群中的一支，到底是属于百越的哪一个支系，主要有以下几种意见[②]：第一种意见认为，侗族是由骆越支系发展而成的。主要依据是历史上骆越的分布地就是今天侗族的分布地，侗族文化与骆越文化有许多共同之处，它是骆越文化的继承和发展。在秦汉时是骆越，魏晋南北朝之后是僚，唐宋时僚人开始分化，明清时称峒蛮。这就是侗族的发展脉络，可以表述为：骆越—僚—仡伶—峒蛮—侗族。第二种意见认为，侗族是由古越人中的干越支系发展而来的，其后被称为东越或东瓯。大约在战国初期，西迁岭南落居在今天广西东南的梧州一带，即粤西、桂东相接之地，被称为西瓯。约在唐代以前，在

---

① 《侗族简史》编写组、修订本编写组：《侗族简史》，民族出版社，2008年，第13页。

② 参见姚丽娟、石开忠：《侗族地区的社会变迁》，中央民族大学出版社，2005年，第4～5页。

西瓯的基础上逐渐发展为新的人们共同体，即侗族。然后才迁居到今天黔湘桂毗邻地区。这就是所谓的“外来说”。第三种意见认为，侗族先民自古以来就土生土长、生息繁衍在黔湘桂毗邻地区，语言、社会结构和习俗比较统一，历史上未见有因战争或自然灾害而造成侗族是由外地迁来的记载。另有学者认为侗族先民是由百越中区人发展而来的。《逸周书·王会解》中有“区阳以鳖封”的记载，这里的区似是指活动在沅水中游一带的越人，即侗族。这就是所谓的“土著说”。[①] 有学者总结了针对侗族来源的以下几种典型看法：①由古越人中的骆越支系发展而来，可表述为越—僚—侗族；②由古越人中的干越支系即后来的西瓯发展而来，唐以前发展为侗族并迁居到今侗族分布地；③系南迁到岭南定居的越国人后裔，其中仡览、仡伶部族迁到武陵蛮、五溪蛮地带，与当地土著融合，形成了当今的侗族；④由百越支系沅水中游一带的区人发展而来。[②] 无论对侗族的来源存在怎样的争议，可以确定的是侗族来源于古越人，而属于哪支古越人，有待具体考证。有学者将古百越人的分布与今天的行政区划联系起来区别，认为百越主要分为东越（或称东瓯，在今江浙一带）、闽越（在今福建）、南越（在今广东及广西东南部）、西瓯（在今广西东北部）、骆越（在今广西西北至西南部），另外还有在今滇南一带的滇越。[③] 联系到今天的状况，这样的争议要表达的意义在于：我们能够看到的只是此刻的存在而无法复原历史，也就使得原本看起来笨拙的做法更显得简单而有效。逝者已矣，虽无法还历史一个原貌，对于族源问题的争议，也许永远无法得到绝对的肯定，但民族本身就

---

① 参见姚丽娟、石开忠：《侗族地区的社会变迁》，中央民族大学出版社，2005年，第5页。

② 参见廖君湘：《南部侗族传统文化特点研究》，民族出版社，2007年，第38页；冼光位主编：《侗族通览》，广西人民出版社，1995年，第29～30页；张民：《试探侗族的形成》，载《贵州民族研究》1994年第2期，第95～104页。

③ 参见蔡凌：《侗族聚居区的传统村落与建筑》，中国建筑工业出版社，2007年，第30页。

是一个历史范畴，任何一个现代民族的形成显然都经过了长期历史的融合、分裂。具有现代性意义的侗族在形成和发展的过程中融合、吸纳了其他民族或人群也显得理所当然了。

无独有偶，对于阳烂侗族来说，从前文描述的“村落起源的记忆与表达”中可以看出，阳烂侗族也是从其他地方迁徙而来的。迁徙的事实和文化持有群体的族源研究都要表达的一个真实是：现世族群的形成，是一个文化建构的过程；族群的文化体系处于不断积累、丰富和发展的动态过程中；文化是适应生态环境的一种历史选择，在长期的历史选择过程中，建构起来的文化如雪球一样越滚越大，而成为群体共同的记忆和惯性逻辑。就如阳烂的建村历史一样，“逐水草丰美”而居，是他们适应环境、满足族群基本生活需要、进而创造历史的理性，但又由于迁徙的原初动力在于比较选择之下的更好倾向（事实上也是越来越好），展现了侗族这一族群的生命推理能力，因之生产生活技术和能力的进步导致了生命群体延续能力的日益加强，富足充沛、闲适的生活反过来又形塑了族群的文化，尤其是体现在族群性格方面的包容性和接纳性，表现在具体行为上就是最先迁徙到阳烂定居的龙姓先祖可以慷慨地为后来的杨姓无偿提供生命资源，甚至结为异性兄弟而心无嫌隙。

二、村落社会中的文化空间

受文化特性的影响，对阳烂侗族行歌坐月习俗的研究，不能单就习俗而谈习俗，必须首先厘清习俗背后的文化及生活氛围，从而在文化全貌论和整体观的指导下，完成对“文化的条理分明的陈述”。文化全貌论认为，要对研究对象给出一个“局内的”（insight）观察，就是要从社会的、文化的角度和生物的、生理的两个角度分析问题，既关注现时的问题，也观照历史的因素，并把人类及其所赖以生存的社会当作一个整体来研究。而文化整合论更是直接指出对人类学家而言，事物之间都是相互联系的，它强调从社会整体（社会及自然环境）看待事物，要把它放在自然和社会的环境中加以考察，这样才能达到不仅知其然，更要知其所以然，不仅能看到事物的表面现象，更要看到事物的内在联系，因此，许多研究集中在小规模的社会（small－scale society）进行。在这样的社会里，亲属制度、政治、经济以及社会生活的其他方面都是密切相联系的。[①] 阳烂侗寨保存了较多侗族传统文化因素，如民族建筑、民族节日、风俗习惯、社会初级组织、习惯法、生活方式、思维方式、民族心理、价值观念等。这些文化因素虽然面对急剧变迁的社会，已经发生或正在发生变迁，却仍然为阳烂侗寨的现实生活提供了相对静止的文化生态环境。

（一）民间信仰

阳烂侗寨没有制度性的宗教信仰，其民间信仰主要以祖先崇拜、多神信仰和万物有灵观为主。结合前文所描述的蕴含与信仰相关的内容，可以发现阳烂侗族民间信仰最大的一个特点就是好谈、看风水。他们形成了一整套对自我栖居村落的风水理解。除前文中关于河边龙头鼓楼与东西南北方位的说法外，他们还认为阳烂村鹭鸶形山是其风水龙脉所在。这个鹭鸶形山的说法来源于一个传说。

很久以前，居住在鸟落坪的侗族乡民，觉得自己所在的坝子非常宽广，于是就向周围的乡民炫耀：“我们的鸟落坪，没有哪一只飞鸟能够不着地换气而飞越过去。”他们的炫耀引来了周围侗族乡民的羡慕，却也无意中激怒了鹭鸶鸟，一只雄健的鹭鸶发誓要一次飞越鸟落坪给他们一个说大话的教训。终于，这只鹭鸶飞过了鸟落坪，但也体力不支，不得不寻找歇脚的地方，恰好飞到了阳烂村。可是这一停下来就再也飞

---

① 参见庄孔韶主编：《人类学通论》，山西教育出版社，2003年，第13～14页。

不起来了，这只鹭鸶的身体幻化成了阳烂的山形水势。

关于阳烂村山形水势的传说故事，村里年长善于交谈的男人们，总是绘声绘色地讲给外来者和年轻人们听，娓娓道来如数家珍。在调查的时候，一位健谈的村民[①]还说了一件有趣的事情：

鹭鸶鸟眼睛的地方被认为是风水宝地，一家人将房子刚好建在那里，后来那家人就出了一个大领导，全家人也都搬到了城市生活。这家人将空下来的房子首先是交给他家亲戚帮忙看护，看护的时候，这家人没病没痛的。随着时间的推移，这家人觉得房子空着也是空着，不如干脆卖掉，于是双方协商，房子卖给了看护人，房子户主也更名成了这家看护人。接着，问题就出来了，户主家开始有人得了查不出来的怪病，后来请人"杠筒"（记音，民间巫师推算的意思），说此处地方只有八字大的人才耐得住，耐得住的人也能飞黄腾达，否则就会招病致祸。最后建议这家人把房子卖掉不要住了。但是，这一事件在村里传开后，没有人愿意买下这栋房子。

村落风水信仰体系中还有信仰风水树的习俗。阳烂侗族封一些大树为村寨风水树，如原来"坛得哈"路[②]两旁有两株千年杉树，村里人都拜这两棵古树为父母树。凡是村落里面跟风水有关的山、水、树等，村民们都看得特别重，一旦发现谁破坏了侗寨龙脉，无论是谁都要受到惩处，如罚祭寨神、捣毁新建筑等。此外，在很多村民家里，都立有神龛，神龛上写着汉字"天地国君师位"，下写"兴隆土地、瑞庆夫人"之神位，两旁写有"招财童子""进宝郎君"的对联，主要每天早晚上香敬茶祈求保佑全家安康、平安如意。

阳烂村还有"萨"信仰。"萨"主要分为三种，即"萨寨"

---

① 杨 ZY，男，1952 年生，小学文化程度，曾经担任过阳烂村支书、村主任等职，2007 年卸任。

② 记音，路名。

“萨屋”“萨坟”。“萨寨”就是祭寨，多在村寨发生火灾、瘟疫或有不好预兆（如公鸡过早啼叫、狗走瓦上等）的时候，对村落风水龙脉举行的祭祀仪式。这种仪式一般举行三天，斋戒三天，并行“忌寨”三天。仪式期间，在寨门挂上柚树枝叶表示不许外人进寨。“萨屋”是当家庭遇见灾难、人畜不旺的时候请巫师做的仪式，主要活动是重新安置神龛、念经驱邪等，也会斋戒一至三天，禁门（禁止别人来家屋走动）。禁门的标志也是挂上柚树枝叶。“萨坟”也是因家庭不顺、人畜不旺、办事不如意等而请巫师占卜，如说其祖坟风水受到破坏，就得祭坟。这三种祭祀所带祭品除了香纸以外，其他基本一样，少不了三牲（猪肉、酸草鱼、公鸡）供品。

除以上形式的民间信仰以外，阳烂侗族还有还愿、求雨、招魂、算八字、念佛经等信仰。这些民间信仰似乎不宜单纯地以封建迷信的思想去看待，它们不仅体现了阳烂侗族在面对无法控制或理解的事物时候的一种反应，而且更是凸显了阳烂侗族深层的信仰文化内涵和整个族群的潜意识内在心理素质。

（二）民族服饰

富有特色的民族服饰，是一个民族区别于其他民族的“族徽”，也是各民族生活环境、工艺水平、审美心理及历史文化内涵的外在表征。对一个民族来说，共同的服饰就是大家认同的符号、结成群体的纽带。这也是人类文明经历史的洗礼而形成的集体选择，是一种族群的内聚力量。阳烂侗族传统服装色调简单朴实，以黑、青、蓝、白、紫为主。其中，黑、青、蓝色多用于春、秋、冬三季，白色多用于夏季，紫色多用于节日。男子多穿对襟短衣，也有一些是右衽无领，包大头巾，惯着宽松长裤。女子喜着大襟、无领、无扣衣，下穿裙或裤，裙或裤不分季节，多用黑色。惯束腰带，包头帕。从传统服装布料来看，大都采用自制、自织、自染的侗布来制作传统服装。侗布布纹紧密，结实耐用，有平布、斜纹布、花椒眼布等多种，主要以蓝靛为染料，染成浅蓝色、靛青色，有的靛染之后，另加上一层蛋白（侗族称之为亮布），使得布匹看起来闪闪发光，艳丽夺目。

在阳烂侗族整个传统服饰体系中，喜戴银饰也是值得一提的重要特点。侗族银饰主要分五类：头饰、项饰、手饰、服装配饰、脚饰。受社会变迁的影响，今天的侗族整套银饰只有在婚嫁或特别隆重的集体活动如芦笙会、吃新节、集体建筑竣工等非日常性活动中见到。在婚姻习俗中，有些富裕家庭的女子出嫁，都会佩戴全套银质首饰，重达十多斤。这些银饰通常都是外婆传给母亲，母亲再传给女儿，女儿又传给自己的女儿，这样一代传一代，成为姑娘们出嫁时最宝贵的嫁妆。专门歌唱侗妹的赞歌这样突出了银饰在盛装中的重要性：

> 侗妹打扮得如仙女下凡，朵朵银花开在头上，一串串银环挂两耳旁，一条条项链挂满胸膛，一双双银镯贵重光亮，全身的银器摇当当。[①]

（三）饮食习俗

阳烂侗族在饮食方面主要有三大特色，即侗不离酸、侗不离糯、好吃生。

阳烂有句谚语：男不离刀，女不离梳，食不离酸。这一谚语生动地表达了侗族对酸的喜好。日常生活中的侗家顿顿不离酸，红、白喜事就更不用说了，敬神、走亲访友等活动中对酸味的需求更是不可缺少。酸味品种繁多，大致有酸鱼、酸肉、酸素等。酸鱼主要有酸鲤鱼和酸草鱼，又尤以酸草鱼最为珍贵。酸草鱼一般一腌就是三四年或一二十年，只有在招待珍贵客人或遇婚丧喜事才拿出来尝用。酸肉主要有酸鸭、酸猪肉等。这些酸肉的主要做法是：先将材料洗干净，多砍几处开口，然后全面均匀撒盐，并将盐通过揉搓使之进入材料里面，放置五六天，等到盐融化之后再用糯米饭拌好，装入加盖木桶，并在内压上十多斤重的石块

---

① 龙 JY 口述。

以便材料全部浸入盐水中，从而起到隔绝空气的作用。整个包装力求密封，密封性越好，酸鱼、酸肉也就保存时间越长，取出食用的时候依然能够见到肉色红润新鲜。至于酸素，可通过泡、腌的方法制成，食用的时候可炒可凉拌。阳烂侗族好吃酸食的习惯主要受其居住地生态环境的影响，酸食开胃、敛汗祛湿。

受传统种植糯稻的影响，阳烂侗族还保持了好食糯米的饮食习惯。他们吃糯米有自己独特的方式，只要将手洗干净后，把蒸熟的糯米饭揉成团，蘸起酸鱼汤或酸菜汤就可吃了。侗语有这样一句话“狗爪拍搭哦早手弱霸”（侗语），就是“糯米饭用手捏成团，蘸起酸汤，手抓一块鱼生吃下饭”的意思。除了糯米饭之外，他们还喜食糯米制品，如用糯米打的糍粑、糯米甜酒等等。

阳烂侗族在吃生方面，以鱼生和肉生为主。鱼生，侗语称“霸免”，一般选用草鱼或两斤以上的鲤鱼为原材料。每年农历八月十五，家家户户都要在自家鱼塘收鱼。这时，人们会选最大的一条或两条草鱼来做霸免，并宴请亲朋好友来吃鱼生。鱼生的主要做法是先将鱼洗净，刮去鳞片，剖腹取出内脏，用钳子夹去鱼刺，不要鱼头和鱼尾，将鱼身切成薄片平摊在簸箕或筛里。吃的时候，撒上细盐及香草、生姜、辣椒粉等。再泡入酸汤或醋、酒等，加上盐、味精、白糖、酱油、茶油等佐料，就成了一盘丰盛的霸免了。肉生，侗语称“喃免”。多用猪肉制作，方法与鱼生相同。阳烂村每逢红白喜事，鱼生、肉生都是少不了的，笔者就在参加数次婚宴的时候品尝了这样的美味。

此外，阳烂还有吃油茶、打油茶的饮食习惯。油茶形式也多种多样，侗家各户有什么好事总是会办油茶会邀请远近的亲朋好友来走走、坐坐。这样子的油茶会是不分冷暖冬夏的，只要有空的时候就可以办，成了大伙聊天、唠叨家常的好方式。阳烂的《茶歌》充分说明了油茶饮食习俗在侗家人生活中的重要地位：

　　绿绿的茶叶满山坡，浓浓的油茶好解渴，远方的朋友啊，盼你到侗家一游，香喷喷的油茶专等你来尝。[①]

（四）生产习俗

结合考古资料和区域文化分布的特点，阳烂侗族属于百越族人后裔，其文化特点脱离不了农耕稻作民族的文化特点。[②] 这一农耕稻作民族的生产习俗主要体现在传统的种植作业上。阳烂侗族传统种植糯稻主要有起田、播种育秧、插秧、耘田、收割入仓等一整套程序。这些程序既体现了阳烂侗族天生的互助合作性，同时也形成了一些生产仪式及禁忌，如熬从[③]、忌戊日动土[④]、立秋不干活、忌菜园吃东西、忌打扫谷仓等。随着政府推广糯改粘的水稻作物，侗族传统种植糯稻的一整套方式也不断地改革或被摒除了，如此一来种植高秆糯稻形成的一整套稻作农业、渔业、家禽（水鸭）养殖的生产模式亦被彻底瓦解了，并最终成为村民们缅怀的美好记忆。即便到了今天，阳烂已经以种植粘稻为主，在村民们可以追溯的记忆和日常生活中却还是大量存留着对糯稻的眷恋。20 世纪 50 年代以前就已记事的村民们都还能回忆起当初的禾晾、稻田与兼养鱼鸭。[⑤]

与农耕稻作生产紧密相关的是水的分配和利用。在这一方面，阳烂也形成了自我独特的水利习俗。阳烂大多数田块分布于山沟，水资源丰富。而对于离水源较远的田块，则主要通过引水灌溉的方式。引水灌溉的方式主要有修筑沟渠、搭设竹木管、安置水车

---

① 龙 JY 口述。

② 参见舒丽丽：《从“主位”到“他者”的理解——对阳烂侗族栖居文化的人类学解读》，载《原生态民族文化学刊》2009 年第 2 期。

③ 一种在正式插秧之前举行的活动。在快插秧之前的一两天，选择一块整理好了待插秧的大田，插上二、三行秧苗，并在当天晚上弄些鲜鱼或酸鱼肉在家祭祀，此后，才算可以正式插秧了。

④ 指立春后的五个“戊”日。这些日子不许动土、挖田、换井水。在这些特殊的日子里，还不许动刀、斧和其他利器，妇女禁忌纺纱织布，据说是为了防止水旱灾害和鼠患。禁忌劳作的这些日子，是阳烂侗家青年男女放假到山上砍竹玩耍、对唱情歌、夜晚行歌坐月的好时节。

⑤ 同②。

等。对于集体性的灌溉设施，总是由村里集体出资出劳力，体现了村民们的团结互助合作的精神。

除了农耕生产以外，阳烂还形成了一些商业习俗。受地理位置的影响，阳烂村成了“古马界”[①] 的必经之处。一些距离商道较远的侗寨兄弟曾来到阳烂安家落户专事挑运副业，如阳烂村的杨J祖辈杨GC就是1945年从岭冲到阳烂来从事挑运而安家落户于此的。阳烂侗寨还常常有来自广西、贵州、湖南其他各地的货郎。

阳烂侗族还有特殊的狩猎、林业、手工业习俗。虽然这些行业未必就与市场紧密结合，更多的是用于满足村民自身的自给自足的刚性需求，但起码它们仍然构成了阳烂村生产习俗的重要组成部分。

（五）历史理款

“款”作为侗族社会的一种特有传统社会组织，对于研究及理解侗族社会具有重要的意义。收集到的款词中，与阳烂村相关的有：“村脚像个雄龙洞，村头好比雌龙宅，村中遍地是金银，合款保护各寨村。寨老四汤公，有古书一本，记载侗家村合寨，集众合款各款坪。上四洞、四头、杨柳坪合款是第一；下四洞、陈横合款是第二；芙蓉、江口、太阳坪合款是第三；上粟、下粟、上大阳坪合款是第四；村脚独坡，村头上岩，村中木瓜，村边骆团，陈坪合款是第五；村脚横岭、黄土，村头高友、高秀，村中坪坛、坪暮、大河坪合款是第六；村脚下宅，村头路塘，村中中步、枫树坪合款是第七；村脚塘头，村头传头，村中屯斗、寨阳坪合款是第八；村脚马鞍，村头罗冲，村中拗贯、枞树坪合款是第九；村脚三团，村头墨胖，村中巴斗、王响坪合款是第十；村脚你林、村头基门，团头坪合款是第十一；村脚盘董，村头盘巴，村中河坪、保俊，上茵坪合款是第十二；村脚孟寨，村头甘冲，村中坪

---

① 一条连接湖南坪坦和广西林溪两地的重要商道。过去，湖南常德的大米只能运到坪坦街上，而广西的海盐、红糖、白糖等也只能运到林溪，坪坦与林溪两者之间就只能靠人力肩挑，于是形成了这样一条称之为“古马界”的人力运输通道。

略、华练、上溪坪合款是第十三。”[①] 其中，“村脚横岭、黄土，村头高友、高秀，村中坪坛、坪暮、大河坪合款是第六”，指的就是阳烂村与其他地方合为第六款区。该款词中的高秀即包括现在的阳烂村、高团村、高友村等。

同一款区款内容及其文化大致相同。款有款首，款首由款区里德高望重的老者担当，他们由群众推选，无固定报酬，不脱离生产，负责管理村寨，解决纠纷。款词按其内容划分，大致可分为六类：关于宇宙万物起源与人类繁衍、兄妹结婚的传说；关于祖先进村勒石合款的史实；关于保护集体和私有财产及防止偷盗的禁约；关于维护社会治安，保护村寨安全的条款；关于维护正当的社交活动，严禁男女违法乱纪的措施；关于记述联款反对外来侵扰，共同抵御外侮的条款。[②]

以上仅仅选取了五个方面来大致营造一个侗族村寨的文化及生活氛围，事实上，对于浩瀚无穷的历史及文化的复杂整合体系来说，是远远不够的，就比如说阳烂的人生礼仪、四季节庆等也都是各有特点，而此处仅做以上行文安排主要考虑的是从其文化背景中的各要素、因子与本书的核心论题行歌坐月习俗之间的远近关系着手的。

---

① 湖南少数民族古籍办公室主编，杨锡光、张家桢整理注校：《侗垒》，岳麓书社，1989年，第12～13页。

② 具体款词内容详见附录四。

第二章　行歌坐月场域：侗族传统社会的集体活动

阳烂侗族行歌坐月习俗是在一定的社会空间里运转起来的，而参与到这场习俗活动中的任何个人或群体也都各自按照其在整个习俗空间网络中的位置和关系作出“惯习”反应。就正如社会学家布迪厄在其场域理论中所认为的那样，“任何行动者或行动群体都是依据他们在行动的社会空间的相关位置所界定的。每一个行动者，依据他们占据的地位，依据他们同邻里的阶级和群体的关系，依据他们同整个社会空间的社会关系网的关系而界定其本身的特征”[①]。参与行歌坐月习俗活动的阳烂侗族，既在这场文化的盛宴中呈现出集体性与一致性特征，同时又由于个体差别，在齐整的习俗生活场域中扮演了不同角色，从而展现出同一文化生活尤其是在择偶过程中对资源占有的差异性，突出地体现了处于同一社会空间的社会关系网络之中不同个体的责任与位置。因此，对阳烂侗族行歌坐月场域的分析，特别针对的就是其传统社会召集的相关集体活动，如果非要对集体活动做更进一步的分类，那么只能从固定的节庆及不定期的人生礼仪活动过程中附带的行歌坐月与专门开展的行歌坐月之时空着手。

① 高宣扬：《布迪厄的社会理论》，同济大学出版社，2004年，第137页。

一、固定与流动的时空

所谓时空，主要指的是时间与空间的总称，它包括三方面的内容：宇宙时空、物质时空和精神时空。宇宙时空主要指物质形成以前的时空状态；物质时空指物质生成以后，它的存在所需要的特有时间与空间；精神时空则指人的思想作用与周围环境（包括物质、感情等）互动时所感觉到的时空。[①] 对于阳烂侗族来说，为行歌坐月提供场域的载体表现在时空概念上主要指固定的节庆[②]及不定期的人生礼仪活动。这些节庆及不定期的人生礼仪活动表现出了时空范畴中人与环境、精神与物质之间的紧密联系。

（一）生产、生活性节庆

阳烂侗族与生产、生活相关的节日主要有：除夕、春节、尝新节等。这些节庆都会附带举办形式各样的娱乐交往活动，为行歌坐月提供了广阔的社会空间，也为侗族传统社会的有机整合提供了外部保障。

阳烂侗族流行过除夕和春节。除夕的时间是每年的最后一天，这一天是两个年度的交替日。这最后一天要将全年所有的大小事务都做个了结，还要准备好迎接新年的食物。除夕的早晨，各家的小孩都要到山坡上摘鸡冠大红花，拿回家插在鸡笼上，表示来年六畜兴旺，鸡鸭成群。清早，各家各户将牲畜圈打扫干净，挑着猪粪、牛粪、鸡粪、鸭粪、谷糠等到田头出水口处烧掉，希望

① 参见 http：//blog．readnovel．com/article/htm/tid_968133．html。

② 侗族土生土长的文化人李根富、吴文志等在其《侗族节俗文化》（线装书局，2008年，第9页）一书中，将侗族节日划分为三大类型：生产、生活性节日，祭祀、纪念性节日，社交、娱乐性节日。虽然事实上很难分清哪种节日属于哪种分类，因为每种节日都多少占据了三大分类的不同层次的内涵，但为了表述的条理性故仍沿用其中两类进行分别表述。

通过这样的行为清除害虫、确保丰收，并且还要念道：“腊鲤央当粑，塘亚央妈闷（预祝田里小鲤鱼养殖得多如谷糠在水中漂移，宽广得像云天的意思）。”然后，在田中间挖开几锄，插上五株桃花草（当地的一种草），表示谷穗多而能丰收的意思。村里也有在除夕这天才杀年猪、杀鸡、杀鸭、打粑粑的。阳烂侗族也有在这一天贴对联的习俗，这一习俗和汉族地区大致相同。除夕下午五六点钟还要进行祭祀活动。这些祭祀活动主要集中在村内的四大神庙、牛栏、猪圈等处。一般是男人手提装着祭祀用的鸡鸭肉的篮子前往祭祀。每祭祀一个地方都要摆下供品，斟满三杯酒，烧上一些纸钱，点上一把香，然后每个神位插上几支。等待纸钱燃烧殆尽之际，将酒泼向纸灰，然后点放鞭炮，最后恭恭敬敬地磕头，并大喊希望神庇佑自己的愿望，如保佑我发大财之类等等。最后是全家一起吃除夕晚餐。正式开餐之前，也要在自家祭祀祖先，并燃放鞭炮。年三十吃过夜饭之后，十四五岁的小伙子和姑娘们，各自拿上几块猪肉、一小节猪肠，五六人一伙，到事先约定好的一家人中去守岁过除夕，到了半夜鸡叫时分将各自带来的食物吃掉。老年男人们则都集中到鼓楼烤火，讲故事、聊天。老妈妈们则集中到某家去教小姑娘唱侗歌。还有适婚的年轻姑娘们集中到某家去等小伙子来对情歌坐夜，直到天亮。

过完除夕，马上就是春节了。春节第一天，也就是大年初一。这一天在阳烂侗族心目中很重要。一般都认为，这一天怎么样，全年也就会怎么样。所以，在这一天有很多禁忌，比如不能说不好的话，不能向外泼水，不能扫地等。大年初一的第一件事就是点炮迎春，点炮迎春的时候在家里烧香燃纸敬酒也是缺少不了的。接下来就是小孩子们去各家各户拜年讨糍粑。

在这一天集体性的活动主要就是女孩子会用除夕杀鸡时收拢来的鸡毛做成毽子，然后和男孩子们比赛踢毽子。在整个正月到二月初，寨内外几乎每天都会有这样的踢毽子比赛活动，踢毽子的时候也会唱山歌。这是初春时节男女青年们最主要的社交活动，所以几乎所有的年轻男女都会学习踢毽子。

正月期间阳烂的年轻男女们还要学习“哆耶[①]”，并进行比赛对唱。哆耶主要有耶补和耶堂两种。[②] 男青年白天会集体到别寨去与那里的女青年对唱哆耶。对唱的时候，都是以耶歌的形式问答。如果女青年应对不上，会有村里的耶师[③]在背后偷偷地教。如果男女双方都对答不上的话，则会遭到整个村落男女老少的嘲笑，并笑让对方回去请耶师来对答。

阳烂还是整个坪坦乡侗戏班子的中心。春节期间，总会唱几天侗戏。这时，附近村落的男男女女都会集中到阳烂来玩耍。由于阳烂文娱活动多种多样，所以一直流传有这样的说法：“别讲有，别讲没，只喜阳烂戏闹热。”很多女青年因此都喜欢嫁到阳烂来。

此外，阳烂的龙、杨两姓都要在六月逢卯日过尝新节。阳烂有句俗话就说“六月六，早禾熟”，这天人们到田间把尚未出苞的禾穗摘回十多根，先喂牛，然后将剩下的放在餐桌上祭祀祖先完毕之后，分着吃掉。这一习俗，体现了“以农为天”的阳烂侗族对稻作农业的重视。在这个节日的当晚，邻近村落的芦笙队也总要来这里一起比赛吹芦笙、哆耶，以此表达对节日的庆祝和热情。而随着芦笙队前来玩耍的自然少不了青年男男女女，他们总是尽量地抓住这样的机会在夜晚与情人行歌坐月，或寻找恋人。2008年6月的一个卯日，笔者有幸参加了龙、杨两姓合办的尝新节，为招待远近到来的客人，阳烂举办了盛大的长龙宴。

（二）社交、娱乐性节庆

阳烂侗族除了上述与生产、生活密切相关的节庆活动之外，为了扩大村落的影响和促进人际交往，还有区域性的供社交和娱乐的庆祝活动。这些庆祝活动也是以固定的节日为载体，突出人

---

① 侗语，指唱侗歌。

② 耶补指祝福老年长寿、村落兴旺、吉祥如意的耶歌。耶堂则指男女青年集体对唱的一问一答形式的耶歌。

③ 专指教唱晚辈的善歌长者。

与人之间的交往和互动。它们的特点是节日本身的气氛少了很多，而青年男女借此机会放开玩乐才是主要。

阳烂侗族在谷雨前三天，要过土王节。土王指的是以土为王，这一天不能动土的意思。因为不能劳作动土，所以这一天全部侗家人都要休息放假，青年男女则抓住机会上山游玩对歌去了。土王节这一天，阳烂的小伙子们都要穿上传统的侗族布料新装，和精心梳妆打扮了的姑娘们一起赶去寨北方的土王坡①。这一天，周围侗族村落汇集而来参加盛会的人就有上千人。外地商贩也趁此机会来赶会。土王节主要是为侗家青年男女创造谈情说爱机会的一个重大节日。在这个节日里，除了娱乐性的斗鸟、摔跤、吹木叶等竞技性比赛之外，还有青年男女的情歌对唱。

情歌对唱的时候，首先要问姑娘有没有情人。与有情人的姑娘对唱只能唱情歌以外的歌，如木叶苗歌、猜谜语等。与没有情人的姑娘对歌，则要自由随便得多。

土王节的当天还有吃茶苞的活动。小伙子们把在土王坡上摘来的茶苞串成一个环，有意去套姑娘们的脖子，有些则将红亮的耳朵状的未成熟的茶苞丢进姑娘的篮子里，更有些小伙子们将未完全成熟的茶苞塞进自己意中人的口中，若姑娘有意，则会吃掉带有苦涩味的没有成熟的茶苞。正如侗歌唱的："未脱衣的茶苞是最苦哟，脱了衣的茶苞最甜咧。没有主家之人啊，好比未脱衣的茶苞，有了主家的人啊，比最甜的茶苞还甜。"②

紧接着，三天之后是谷雨节。谷雨节的主要活动仍然以男女青年为主。阳烂侗族青年男女在这个交际日，会有几大活动内容：结伴去邻村邀请意中人、有情人吊网捞虾、偷意中人菜园里的韭菜、夜里行歌坐月、喝油茶等。

八月十五中秋节，侗族有自己过中秋节的独特方式。这一天，

---

① 山名，又名山脚岩。此山海拔约为800米，山脚蜿蜒约40里，山脚和山腰分布着大大小小的数个侗寨，山上植被丰富而茂盛。

② 龙JY口述。

家家户户除了准备过节祭祀、食用的传统食物如鸡鸭鱼生、月饼、粑粑等，还要在寨门寨头祭奠土地公、土地婆，到各神庙去敬神。而最值得一提的还要属中秋之夜的芦笙大赛和青年男女夜烧油茶的风俗。

阳烂及附近的各侗族村寨，旧时每隔一年的中秋节之夜，都要在坪坦村举行芦笙大会。那时候，高步下属各寨共出六个队，包括阳烂、高团、高秀、都亮、脚凳、三层等寨子，与周边其他村寨总共算起来大概有十七个队，五百多架芦笙，聚集到坪坦乡。这个夜晚，包括阳烂在内的各个侗寨的姑娘们都要头戴银帽花，耳佩银环，颈套项圈，穿上自己最美最新的民族服装，手提茶油灯齐聚在坪坦为芦笙队掌灯照明。除东道主高步的六个队只表演一二曲以外，其他十多个芦笙队各自限吹三曲，入夜后开始，直到凌晨鸡叫头遍才结束。每个芦笙队少则二三十人，多的五六十人，大都是年轻英俊的小伙子。所以，掌灯的姑娘们，总是在观看芦笙表演的时候，趁机寻找自己满意的对象。中秋之夜，上半夜以芦笙大赛为主，下半夜直到清晨的保留节目则是青年男女行歌坐月、喝油茶。

侗族是一个十分好客的民族，这样的好客不单表现在小团体内的亲昵，更是表现在以村落为单位的大群体之间的亲近。侗族

社会有月也[①]，即以村落为单位集体做客的习俗。月也不管初访或者回访，事前都必须派人手持贺帖到要去的村寨通知

① 龙JY夹杂汉语记音记录了这样一个关于月也活动的案例：1981年正月，广西三江县八江乡马胖侗村来阳烂村开展月也活动，共计来了160多人来。那时，阳烂全村男女老少几百人列队欢迎，有点鞭炮的，有拿芦笙演奏曲子欢迎的。整个迎接客人的队伍都排到了阳烂村对门的盘烂公路边。阳烂村还在村边公路上设置了对歌台，必须对上了拦路歌才让来月也的客人们进寨。进寨之后还有专人（龙JY自己）致欢迎辞："八江公社、马胖大队、桂剧侗戏新合戏班，不辞劳苦，百里之外，跋山涉水，远道而来，专为我们阳烂侗寨广大民众，恭贺新年，桂剧侗戏，宣传演出，艺术精彩，武术满堂，动作熟练，整齐大方，服装美观，唱腔洪亮，女旦奇观，群众喝彩，这对我们是最大的鼓舞，最大鞭策，最大教育。在此让我代表民众，衷心感谢，热烈欢迎，崇高敬礼，站在这里，我叫我也，广大民众，办不像样，无菜招待，青菜代替。招呼不周，不好做人，我叫我也，多多原谅，不要多心，只要有戏，唱它整个正月吧！"客人们进到寨子的鼓楼坪，村民们开始抢散客，各自将客人们抢回自己家做客吃饭，一般各家至少都要拉上二三人，男拉女、女拉男、老拉少、少拉老都可以，这样的拉客行为完全超越了性别、年龄、村寨的边界，体现的是一副其乐融融的场景。各家各自招待客人的行为一直会持续到来参加月也活动的村寨要离开的那天。离开主寨的最后一顿饭必须是由村寨集体宴请的。这次马胖客人来也不例外，由每户抽捐五元钱，杀一头两百多斤的大猪，全寨男女老少五百多人都集中到鼓楼坪陪客人，同时大伙也都很乐意地把自家最好吃的饭菜和酿造得最好的酒拿来招待客人，饭桌也会顺溜摆成长形。开餐前，主寨要祭祀祖先，并请老先生念祭词："开打四条凳吧！酒妈斗咱，肉妈斗地，未请人哪战先，请你人老地主战先，古老文神，些骂相当乃呀，下当乃坐，还有上万太公，仲万太补，些骂相当乃呀！下当乃坐，又有石奉飞山土主，还有南岳众正，四国大王，武当领位，广国猴王。些骂相当乃呀，下当乃坐。又有五方门楼土地，些骂相当乃呀，下当乃坐。村脚还有桥头土地、桥尾判官，关圣士兵，文昌士兵，五通五显。还有咱妈咱嫂，咱妈家们打前，咱嫂背箭打轮，些骂相当乃呀，下当乃坐，乃姚讲改了关神，记改了关鬼，时乃再姚未烧之纸，烧了是钱，多是银钱，少是米细，乃孝打败忙假，相分相别，相别相分，收钱立笼，盘钱立墓，三十年大吉，七十年大吉，一万年安稳吧！"这时客寨来月也的领头人接着也会唱颂："打开四条凳吧，补寨正杨，平成挖地骂，坪河挖地多，挖了三团地骂，五团地多，七团地株，九团地槟，应玉兴应玉，应玉双珠学臣下，母猪骂到当地旅，早到早战，夜到夜吻，早战到滚，夜战斗藏，父空止想，乃空止量，上它砍美邦邦，学地勿拦，约他父仔正相守高粱，父仔正欧守高臣，父仔姓陈守高困，乃时公猪明明学臣上。母猪鬼鬼学臣下，还有四猪来学臣骂，又有二独，脚郊得傍，身郊得长，跳打玩，翻打拦，想抓尾郊能上臣。还有二猪，脚郊又短，身郊又园，跳改打坑，跨改打拦，母就抓耳，父就能一，父拿双绳拜捆，母拿美棉拜九，九骂到屋，脚廊拖，脚梯放。没克在郊鸟，国圈在郊能，打拜东方，接骂木匠，砍美些些，骂勿圈羊，哪猪劳拦，关羊劳圈，拿骂三早就熟，六早就贯，三早拿粳拜蜡，六早拿吧拜拖，少蜡粳，多蜡菜，少腊饭，多腊粑，一年对周二石打，双猪嗷嗷，走打脚丫，身郊仲得九成肉，肚多仲得九成油，侗来多价，汉来多钱，侗拿银钱来改要，汉拿银钱来改买，仔你村尧来到，接猪斗咱，拍猪多地，造得太盆肉下，太腊肉石翠，有口战空口保，有理起，空理还！呀，沙！"双方均念完祭词之后，才正式开餐。（注：祭词和唱颂词均为用汉语记侗音）吃饭间，更是觥筹交错，不亦乐乎。只见频频劝杯的，拿着酒追着跑的，唱祝酒歌劝酒的，一副热闹的情景，直到有人来招呼演戏开始了才作罢。

他们做好准备。一般情况下，不管双方村落此前关系怎样，即使有嫌隙或恩怨，只要接到了贺帖的村落都会尽力安排月也事宜。这样一来，月也活动也被原本有嫌隙或恩怨的村落用来作为解决纠纷、缓解关系的方式，如阳烂村就曾和广西高秀村因边界林地纠纷而存有嫌隙，后来通过互相月也、互唱耶补的形式改善了关系，两寨青年男女关系恢复之后更是可以顺畅地进行行歌坐月活动，由此还先后结成了十多对夫妻。龙医生的父亲就是通过阳烂村和高秀村的月也活动结识了他的母亲。1994 年，高秀村从湖南这边架设电线，要经过阳烂村的十多里山林，电线杆所插之处会砍掉很多树木，阳烂村考虑到高秀村是与其进行十多年月也活动的老朋友，就无条件地同意了砍树插电杆。事后，高秀村也很感谢阳烂村，送了五个立方长条杉木给阳烂做电线杆。

这样的集体做客常常伴随着文艺表演的活动，如芦笙表演、侗戏、哆耶等。虽然单纯看起来月也集体做客只是单独两个村落的事情，但事实上，只要一听说哪个村落和哪个村落进行月也活动，周边附近村落的男女老少总是忍耐不住好奇而自发地组织起来前往那个村落玩耍、观看表演。而这时的年轻人更是表现得活跃异常，总是坚决不耽误这样的可以开展行歌坐月的好机会。同时，这样的活动不受省份边界的限制，湖南的村落、贵州的村落、广西的村落都可以参与，为年轻人提供了更多接触交流不同人群的机会。

（三）人生礼仪活动

阳烂比较重视的人生礼仪活动主要有：出生礼、婚礼和葬礼。其中，又以出生礼和婚礼最能展现人生礼仪活动为行歌坐月所提供的场域。

1. 出生礼

阳烂对小孩出生的礼仪十分重视。婴儿一出生，首先要派人到外婆家去报喜，即报生，因为小孩子的出生不单是夫家的事，而且还联系着一个妻家。如果外婆已经去世的，则主要告知姨婆、舅妈家。外婆那方的人闻讯后，即携带早已备好的甜酒、鸡及鸡蛋去看望女儿和外孙，并同夫家公婆共同商量“战喃街的事”（侗语，即商议筹办出生礼的事情）。一般婴儿生下后三天要办鸡肉餐宴请双方房族内的妇女和主要亲戚，这叫作“勿三引”。一般这样子的餐宴，会办上二三桌，来的妇人们每人提二三筒米（竹器做的量筒，一筒米大概五六两）、一只鸡、数十个鸡蛋。勿三引这一天是双方亲家妇女商定办三朝酒的日子，内容会涉及酒席的规模、日期、宴请的人员等。一般婴儿生下来第五、七、九日（日子必须选取单数）后，举行“玩三闷”宴会（即三朝酒）。玩三闷宴会的这天，男方家给女方家来人按户头发酸肉，表示回礼。请来的宾客一般多达四五十桌，主要涉及两个家庭各自的亲属集团，这样的亲属集团涵括的人员就像滚雪球一样越滚越大，也犹如投入湖中的石子激荡水波产生的连环波纹而从中央向外围四周不断扩散开去。来参加三朝宴会的主要亲戚会送一篮糯米饭、几只鸡、一些鸡蛋、一个红包（一般是十到五十元不等），其他关系较远点的亲戚则会送来一只鸡、几筒米、一些鸡蛋，甚至几元到十几元不等的礼金。

出生礼习俗中，最有特色的活动是请来婴儿母亲未出嫁时的娘家姐妹们，这些娘家姐妹送来的礼物主要是几尺花布、一套小孩衣物。更早些时候会送染成黄色的侗布小儿衣（当地称之为“谷曼”）。主家会回礼三串肉：鲜肉、酸肉和酸草鱼片。作为来参加玩三闷最重要的亲戚，外婆家送来的礼物主要有数只鸡、数量较多的鸡蛋、两篮糯米饭、酸草鱼数尾。具体数量根据家庭富裕的程度有所差别，此外，外婆家也会送礼金。曾经还有些富裕的外婆家送一大头猪。

以前侗家姑娘结婚时，不重礼仪，没有嫁妆也没有陪嫁的东西，顶多就几挑衣物，因为侗家婚恋自由，结婚和离婚都很容易。仅仅因为一些琐事，男女双方就可以各走各路离婚了事，一旦陪嫁物品过多，反倒显得麻烦。正是因为结婚和离婚的随意性，使得侗寨不重婚聘礼金。[1] 但是到了小孩出生礼举办之时，原本该在婚礼时候就办好的陪嫁品，如柜子、被服等，才转到了夫家。过去嫁得不远的新娘，还可以从娘家分出一份田地作为嫁妆，这些也都要等到生小孩子后才正式划拨给夫家。

外婆家的房族送来的庆贺礼物，要经过外婆过目后，才能集中到夫家的某处堆放，以便日后还礼，当然这部分的还礼也是外婆家去还的。中午时分，男女老少组合成一个庞大（有时多达上百人）的送礼队伍才会进村。主家这边为了招呼这些外婆家的客人，也总是要请房族内的人来帮忙。帮忙的既有年轻力壮的小伙子、也有懂规矩礼仪的老年人和中年人。届时，杀猪的杀猪、待客的待客、备菜的备菜、记礼的记礼，俨然一副训练有素的专业队伍在操办一堂盛事，有条不紊。主家也要给房族内的人回礼，多是半斤现宰的鲜肉或者酸鱼。

玩三闷这天，除了要请巫师为小孩子祈福[2]之外，最奇特的还要属小伙子腊寸们怎么对付那些姑娘腊灭们了。小伙子们忆及当初去腊灭们那里接新娘时候的待遇，也总是在这一天要把同样甚至更为激烈的待遇还给腊灭们。他们用竹筒、酒瓢向腊灭们敬酒，腊灭们则害怕得总是躲到房间里面去，把门拴上，但是这样也无法躲过腊寸们的热情，腊寸们总是想方设法甚至不惜撬开门锁也要进来敬姑娘们酒。而对于因此损坏了的门锁，主家也总是一笑置之，并不生气。腊寸们总是凭借自己的聪明和力气最终让腊灭们喝得分不清东西南北，当然一些狡猾的腊灭们也总是趁腊寸们一个不留神而将酒转而吐在了地板上，有些甚至吐在腊寸们的身

---

① 访谈的时候就有村民说，婚聘物件太多，一旦离婚，难于搬运回家。嫁娘的东西主要就是平常娘家给置办的一些银饰。加上娘家母亲从自己娘家带来的银饰也都是要传给女儿的，所以连同嫁娘结婚之前置办的饰品也多是仍然存放在娘家三五年。而侗家传统上也总是认为只有媳妇生了孩子之后，才算婚姻稳定了大半，随着时间越往后推移，婚姻也就越发稳定。于是就出现了婚礼和小孩出生礼重合起来办的理性选择。

② 用侗语说叫喃堂，是巫师为小孩一生消灾解难的仪式。

上。整个场面戏谑喧闹而和谐。玩闹的时候总难免拉拉扯扯，“授受不亲”，却总是不生气，甚至还有自己的父母亲人在旁观看呐喊助威。当然，也有一些妈妈们会出来帮助自己的女儿逃过一劫，她们或用身体挡着企图灌酒的腊寸，或为女儿出谋划策找躲避的地方，这时候小伙子们也不介意重新换个“奶刚”（少妇）继续之前的疯狂与玩闹。这样的活动直到傍晚才会收场。

晚饭之后，腊灭们有“多卡欧关浓①”（用唱的方式为小孩子取名的习俗）的任务，在这之前腊灭们早就将歌练好了，然后唱出来，供主家及小孩外婆参考。小孩名字定好之后，腊寸与腊灭们就可以开唱酒歌、情歌了。访谈对象龙 JY 的妻子②曾是一名歌手，寨上和邻村凡是玩三闷的，都要来请她与歌伴去对唱“多卡欧关浓”。入夜后，小伙子们和姑娘们也总是舍不得离开，继续行歌坐月，一时对唱酒歌，一时对唱情歌，一直到天快亮的时候，方才散开。

玩三闷第二天的活动就是外婆家要请自己房族内年龄较长的一些老妇人在主家做背带（侗语称“霞”）给新生儿。主家要招待这些人的中餐，并请自家房族内的妇人作陪，最后每人赠送一串肉。

小孩子的满月酒由外婆家操办。出月那天，主家要选本房族内儿女双全的健康妈妈们，护送小孩子去外婆家办满月酒。主家用外婆家做好的“霞”背带背着小孩子出发，为了辟邪，还要用锅炭灰和桐油混合成的涂料在额头上抹个记号。主家送给外婆家的礼物主要有一篮糯米饭、鸡鸭数只、一些酸草鱼等。这些礼品早在护送小孩子的队伍出发前，就已经被外婆家派来的人挑回去了。浩浩荡荡的护送队伍在主家吃完早餐后，前往外婆家，并在

---

① 来参加玩三闷活动的腊灭们，通过唱的方式说出拟给小孩子取的名字，一旁的腊寸们可以逐一进行点评，直到大伙一致认为这个名字好，方才确定下来。孩子长大后，还有人拿孩子取名时候的笑话来调侃，会说：“莫说他的名字不好，他的名字是杀猪打三朝唱歌取来的，多么不容易啊。”

② 龙 JY 妻子杨妹，1958 年生，未受过学校教育。

外婆家吃中餐。中餐之后，就是外婆家房族内部的妇人们各自邀请主家来的那些妇人们去自己家喝油茶。美其名曰喝油茶，其实还有另外一个潜台词，就是让来的这些妇人们看看哪家有好女儿，回头可以做媒。喝完油茶之后，护送队伍又背起小孩子准备离开外婆家，这时外婆家的亲属们都纷纷给小孩子赠送几元至十几元不等的红包。外婆家还要额外给背小孩子的妇人一个几元的红包。直到小孩子离开外婆家回到自己家，才算出月。自此，小孩子可以开荤吃菜了。此后，外婆家会不断地派小姨子去接小孩到家小住，而主家也会派姑娘来接回小孩，如此反复数次，直到小孩满周岁。小孩子的周岁酒也是要办的，办的过程大致也就是外婆家送礼物给小孩，主家招待中餐这样的过程。

2. 婚姻仪礼

阳烂侗族婚嫁时间多选在冬季农闲和春节期间。选在这样的时节，是因为对侗族来说，结婚不但是青年男女双方直系家庭的事，而且是关系到整个村落和族群的大事。这样的逻辑和整个村落都是一个大的整体，其间的亲属关系也是盘根错节的紧密相关。只有选择在大家都有闲暇的时间，才能充分调动大伙集体参与的积极性和主动性。一旦听说谁家的儿子要娶媳妇、谁家姑娘要出嫁，阳烂侗族全村人都会主动地参与，到主事家无偿劳动。因之参与人员的众多，而将结婚变成了整个村落的事情，也才将婚礼办得有序而热闹。

阳烂侗族传统婚姻的整个程序包括以下六个方面：迎亲、新娘进屋、宴会、转脚、回门、接迎生活。①

侗族传统婚姻的迎亲，安排在黎明前办完整个程序。之所以选在黎明前，是为了避免被别人撞见。为了在黎明前完成整个迎亲又不让别人撞见，新郎总是在房族中找两个同性伙伴在夜色的掩护下前往新娘家迎亲。一般会在头天晚上十一点左右，新郎和

---

① 此处为了行文的方便，以男方家为主立场进行表述。这六个过程，是笔者根据访谈资料总结得出的。

伴郎换上崭新的侗衣出发去迎亲。新娘家也会事先邀来几位年纪相当的姑娘陪伴新娘。新娘和女伴抓住婚前的这个夜晚，促膝谈心，一起围坐在火塘边纺纱、绣花，谈笑取闹着彼此间的小心事，当然，对新郎的期待也是她们在这个夜晚谈话最主要的内容。受侗族抢婚传统的影响，新娘及家人在准备工作未完全做好之前，是坚决不打开屋门的。当然，试图与人私奔的新娘自然是会偷偷为来抢婚的人开好后门的。新郎到达之后，会用事先约好的暗号表示自己到了门外等候，如果此时新娘还未做好出门的准备，则会告知新郎继续在门外等候，直到她们完全准备好了。新郎进门，必须讲礼貌，首先问候老人长辈，其次才向屋内的其他人问好。这时，屋内的女人们会故意问伴郎："谁是新郎?"伴郎会调侃一下回答说："是我，你喜欢吗?"逗得大伙一阵哄笑。龙JY的哥哥龙JX结婚的时候，龙JY当伴郎，就出现了被误当成新郎的笑话。这时的玩笑取闹都只是在伴郎和新娘家的人员之间开展，当事的新郎和新娘总显得腼腆而害羞，不若恋爱时候那么随意和好调侃了。谈笑间，女方家的人早已准备好了油茶款待新郎一行。新郎一行不管饿不饿都必须吃上一点表示谢意。之所以请伴郎是为了新郎不好意思说的话，就由伴郎代为转达，如果到了该出发的时间，新娘还没有打算出发的话，伴郎就得承担起催促的责任，如果由新郎去催促就会失了礼数。

出门前，新娘会穿上崭新的侗族衣服，戴上铮亮的银饰。穿戴完毕收拾妥当之后，才在伴娘和姐妹们的护送下走出屋门，而自己的父母是不送出门的。迎亲的一行几个人与送出的女方亲人们在屋外惜别之后，才踏上路途。一名伴郎提着马灯走在前，新娘在中间，新郎尾随其后，再后是其他伴郎。为了避邪，新娘出门去郎家途中都会手撑红伞。在迎接新娘子的途中，忌讳遇见其他在同一天结婚的新娘。由于阳烂侗族传统社会及其周边村落中，结婚都集中在这一特定的时期，导致了新娘相遇的事件时有发生。传统习俗认为，新娘和新娘相遇时，谁站得高，就抢了另一方的彩头，会占尽了幸福的。相反，出于下位的那个新娘则会婚后事事不如意。因为有这样的说法，曾经很长一段时间导致了相遇的新娘子互争高低，一个一个竞相往更高的山坡上爬，直到双方气喘吁吁。后来经过寨老商量，觉得这样也不是办法，就让双方互相交换衣带子，说这样就可以打破争彩头的说法，使得双方都平安无事。于是迎亲的时候，新娘都还要额外备几根衣带子以备路上遇见其他新娘。

新娘进屋后，必须鸣放鞭炮。只有鞭炮一响才表示新娘子真的被接回郎家当媳妇了。如果新娘进屋了，却没有鞭炮响都不算媳妇进门了。鞭炮声在这里变成了划分不同人生阶段的重要标志。正是因为有这样的传统，引得那些抢婚或逃婚的青年男女总是一到家便鸣放鞭炮，鞭炮一响也就向村里和家族昭告了自我未得父母同意婚事的合法性。父母及亲戚、家庭也在听到鞭炮声后才反应过来，儿子已经将新媳妇娶进门了。由于新娘进门是选取夜深人静的黎明时分，所以新娘子进门的时候，天都还没亮。新娘子前脚踏进屋门，马上就有等待着的两名儿女双全的阿婆接过手中的红伞。这时，新媳妇要开口叫“阿巴”（舅娘的意思），阿巴会嘱咐新娘抓一束靠在旁边的糯米禾把放在火塘边，然后落座在准备好的朝东的凳子上。之后，新娘要赢得大伙的欢心，必须为大伙炸阴米准备油茶。喝完油茶，新娘还要从火塘上的禾炕取下数把糯禾谷，拿到吊脚楼底层去舂米，直到天亮。新娘在新婚的前三天都得在凌晨三四点钟起来舂米和蒸糯米饭，俗语叫：“买美三引起”（即新娘舂米赶早只有开头那三个早晨，不然别人会议论说新媳妇懒惰）。

新娘进门的这一天中午，男方家要举办一个盛大的宴会宴请亲朋好友，称之为“沾高买”。为了通知大伙正式的开餐时间，新郎家会在石牌处张贴布告：“今天某儿某某，完婚之际，备办薄酒一席，望本寨乡亲父老、青年朋友，于今日下午三时（中餐）大驾光临为盼（落款、日期）。”届时，大伙都会来吃流水席，菜肴会准备得很充分，不断有后勤人员续添即将空了的碗盆。除至亲、近亲之外，来参加宴会的人都是在吃完中餐之后，就陆续告别回去了。

在新郎家办完宴席，新娘会去新郎的舅舅家（也可以算是外婆家）转脚。转脚是为了方便新郎母亲家的亲属可以进一步地认识新娘，也是加深双方感情的一个方式。新郎的外婆家接待新媳妇，总觉得要竭尽全力办好才显得自家有地位和客气。而由于这时外婆年事已高，这样的重任就落在了外婆的儿子辈即新郎的舅舅家了。舅舅家接到新娘要来转脚的通知后，早早地就开始准备招待新娘的物品，他们会办一场规模和精致程度并不亚于新郎自家的盛大宴会。陪同新娘去转脚的同行人，除了新郎本人之外，还有新郎房族每家每户派出的一名妇女（可带小孩），人数一般达到一二十人。舅家为了不冷落来转脚的新娘一行人，也总是按照陪客的人数大于客人数的标准去配备陪坐人，哪怕是一名来做客的小孩也会陪上一个年龄差不多的甚至是更大而稳重的人员，否则会被认为失了礼数。

新娘吃完转脚饭后，一般当天就返回新郎家留宿。三天之后，是回门的日子。回门时，除了新婚夫妇必须参加外，还有一个庞大的回门队伍。回门的那天，新郎家的送礼队伍（以青壮年的劳动力为主）带上早就准备好了的回门礼，连同去送的妇女们还有新娘的娘家伴娘浩浩荡荡地前往新娘家。新娘打扮一新，穿着民族服饰，出发去娘家之前，必须将婆家的水缸挑满水。新娘要做最后一个关门离开婆家的人，并且要走在队伍的最后面，以示自己对新家婆家恋恋不舍。新娘家这天早就准备妥当了招待事宜，专等这支庞大的队伍登门做客。新娘家也会按照来的人员配备自己同族内的亲人们去专门招待客人。

回门队伍到达娘家进门前，必须经过早就等待在屋外的拦门队伍的热情招待。热情招待的娘家姑娘们总是手捧满满的一碗侗家自己酿造的美酒，威逼着挑送回门礼的小伙子喝掉，否则的话就不让进门。如果小伙子不主动配合，就只能等着姑娘们扯住耳朵猛灌，喝完酒还得放上几元钱在空了的酒碗里表示答谢。如果本身是恋人的，在这样子的情境中，会喝得更多，酒喝得越多表示对姑娘的感情越深厚。当然，姑娘们有怎么的办法，狡猾的小伙子们也就有什么样的对策。小伙子们知道姑娘怕鞭炮，为了躲避喝酒和被揪耳朵，就总是利用鞭炮的掩护，往屋里冲，冲过了进了屋姑娘们也不再为难了。如果时间刚好到了开席的时候，由专门负责接担的娘家人接过礼物之后，小伙子得抓紧时间落座吃饭。因为一旦让来敬酒的姑娘们抓住了就会连吃饭的时间都没有。此前摆设拦门酒的姑娘们，转移了战场，从门外移到了宴席[①]上，她们会紧紧抓住这个机会继续前面的追踪。由于不是主场作战，小伙子们再能喝也总是处于劣势地位，一般都会被灌下不少酒。酒壮人胆，小伙子们趁机寻找心目中的潜在对象，为下次行歌坐月预定目标。确实不能喝的小伙子怕醉酒出洋相，总会在嘴巴里塞上糯米团，以便被灌酒的时候酒不能顺畅地入喉，如此打打闹闹增加了娘家集团和郎家集团青年男女之间的交流和接触。整个打闹一直会持续到有人出来说“天快黑了，得抓紧时间吃饭，准备回家了”之类的话，才稍做收敛。回门的当天，新娘也必须随送礼队伍转回婆家住宿。

第二天，娘家会派三到四名同族姑娘前往新郎家接新娘回娘家居住。婆家的小伙子们也找到了报一箭之仇的机会，总是会在这一天的正餐时间给姑娘们劝酒，但是小伙子们总是显得比较绅士而不会追着姑娘劝酒。回的时候，此前从娘家带来的几十套侗衣及所有银饰也都要随着新娘回转到娘家。当然，新娘一般也会留下一套衣服和一条手巾在新郎家以备以后的换洗之用。回去娘家之后三晚，婆家又会派婆家族内的姑娘去迎接新娘回夫家居住。如此往返接来接去，三五载都有可能，直到媳妇怀孕生育了子女才正式居住到婆家。至此，也表示整个婚姻礼仪程序的全部完成，正式的婚姻家庭生活也才开始了。

① 需要说明的是，侗家的宴席，有专门的排座规则，分性别分年龄层落座在侗家吊脚楼的各个不同位置，方便了宴会中某些特殊活动的进行，如姑娘们对小伙子的敬酒总是少不了打闹，怕影响长辈吃饭，就将长辈的位置安排在其他的屋子里。

对于阳烂侗族的习俗生活来说，除以上所归纳的三类为行歌坐月提供场域载体的空间之外，日常性的两性交往活动也是十分频繁的，青年们热衷参与。其中，盛行的傍晚赶墟活动，就曾多次从报道人言语中得到反映。赶墟的特点在于它为某些特定行歌坐月活动（专指除前文已经描述的“固定”和“不固定”的活动为行歌坐月提供的场域之外的不定期的行歌坐月）的正式开展筹备了前期事宜，比如说哪些人相约去哪家行歌坐月。当然，由于赶墟一般是在田间劳作收工的傍晚时分，青年人免于准备晚餐的家务活而抽空出来在禾晾下的密谋，因此，参与赶墟的青年人在地理分布上，一般只是步行方便到达的范围，以便他们密谋之后可以赶得上家中的晚餐。例外的是，对于正处在青春期的侗家青年来说，赶墟的规则并不十分明显，它不若正式的行歌坐月来得严肃和公众化（特指行歌坐月时，老人和家长的“在场”）。

二、夜光下的完整表达

本书将行歌坐月分为两种类型：一种是前文所描述的节庆和人生礼仪活动中附带的行歌坐月；一种是专门进行的行歌坐月。从实地调查收集的资料可见，阳烂侗族行歌坐月除了前文“固定与流动的空间”代表的附带场域之外，比较直观的相对静止的专有场域范畴就属夜光下的象征表现了。行歌坐月也称为行歌坐夜，月和夜都有个共同的特征，即时间范畴中的夜晚，故事发生的时间场域必须是夜幕降临之后，也正是这样特定的时间为行歌坐月习俗活动的开展，提供了恒定的完备场域。

在阳烂，专门进行的行歌坐月活动是从吃完晚饭入夜后才开始的。入夜后，女青年邀约几个熟识的同村女孩围坐在自家火塘边纺纱等候，男青年吃完夜饭后则约伴游走周边村落。男青年去到目的地的过程中，由于是在夜间，闷不作声的窸窸窣窣，会被邻居误会成小偷而引起不必要的麻烦，于是行歌坐月时，约定俗成必须歌声不断。歌声即是证明自身行为坦荡的标签，也成为叩开意中人家门特殊的敲门声。

去哪家行歌坐月，小伙子们都会经过事先的侦察和试探，小伙子们在屋外听见纺纱机唧唧作响的时候，就能确定屋里有等候着的姑娘们，于是他们试探性地开唱："单身汉子苦梦多哟，打酒归来已烧焦了锅，自斟自饮喝闷酒，醉意醺醺困死人哟！哎呀呀！那该死的母狗又叼直了肉索哎！"听见歌声，在屋子里面等候的姑娘会停下手中的活计，专心听完，然后决定是否搭唱。如果搭唱一般会这样唱道："哪位阿哥有好歌，怎么在吊脚楼下与鸡鸭唱对歌，真是好听的歌声呀，若是不怕我家的生漆板凳沾身子，不妨上楼来坐一坐啰。"这就表示对楼下唱歌的小伙子发出了上楼行歌坐月的邀请。这时，屋外的小伙子们还会谦逊地回唱道："翻山越岭走小道，半夜深更把妹找，久久等在篱笆外，几次伸手把门敲，一怕嫌我不知礼，二怕惊动黄狗叫，三怕哟！你情人不会将我来轻饶！"姑娘接着回唱："花儿打蓓等着春，纺纱声声叫哥名，有心等个同心伴，偏偏遇你白恼人，有心结亲莫在外，无心你就打转身。"这个时候，小伙子已经不能再故作推辞了，而必须由头领带着，鱼贯而入姑娘们所在的屋子。姑娘们看见小伙子进屋，总是急忙放下手中的活计，安置他们坐下。小伙子们坐下后会以歌代言问道："家中无妻好比日头光光，走路不知高低，做事无主张，望靠妹子开条路，单身的阿哥才有点希望。"姑娘们会回唱道："寨后有条小路径，门前有个小水井，屋旁有个新房舍，铺上铺了侗花锦，随哥走到哪条路，包你如意又称心。"听见这样的歌后，小伙子们也不含糊，会回唱道："鸭嘴哪有鸡嘴尖，大舌哪有牛舌长，我说一句是一句，你说一句是一双，有个情人帮衬你，说话当然你在行。"姑娘们也不服输，继续唱道："乖人不怕人讲呆，人正不怕人讲歪，你到鼓楼去问寨老，我有丈夫哪里来？"小伙子们跟唱："九十九座杉木山，九十九座盘盘弯，九十九个俏妹子，没有一个打单身，你还哄我为哪般？"姑娘们力争道："九十九座杉木山，九十九座盘盘弯，九十九对九十九，只剩歌心赛九州，枉我钟情你一番。”这样一对一答，会嬉笑热闹直到天亮。早在天亮散伙之前，有意向的男女青年早达成了协议，约定好了下次玩耍或者集会的日子。[①]

既是医生又是银器打制匠人的龙JY还讲述了外村的姑娘们来村里找他打制银器，因为路途遥远而留宿在阳烂村，村里的小伙子找这些姑娘行歌坐月时的情形。来行歌坐月的小伙子首先唱道：“我想过河不知水深浅，要妹点烟又怕惹妹嫌。”然后，用火钳从火塘里夹出火子，递给姑娘继续唱道：“有心谈情莫闲谈，快跟阿哥点袋烟。”这时候姑娘如果中意这个唱歌的小伙子的话，会磨蹭着点烟，将火钳拿在手上，唱：“点袋烟，火不打紧，只怕有人背后跟，打骂阿妹犹自可，扯你耳朵羞煞人。”这样的唱词表示，姑娘有些中意对方，但是又不确定对方是否已经有了对象，所以磨蹭着点烟，以便试探对方。这时，小伙子为了证明自己还是单身，常常会反语道：“水竹笋根是根，哪个跟我单身人，不像阿妹定亲早，如比犟牛鼻子拴了绳。”这样唱是表示了小伙子还没有找对象，期望姑娘给个机会。姑娘如果有意就会明确地唱道：“妹说是真方是真，如今才有心上人，你若问他在哪里，他就挨在我的右边身。”姑娘将火钳稍微伸过去一点，但不马上点火，等待小伙子将头靠过来，聪明点的小伙子马上心领神会，和姑娘同唱：“你过来，我过去，鹊桥当中来相会。”这时小伙子还得求着姑娘点燃烟袋，但是姑娘会故意刁难，将火钳虚晃左右，惹得小伙子只好告饶地唱道：“我求阿妹好艰难，如同摘月上九天，哥想交情是真意，妹用假意捉弄人。”女方答道：“哄山哄水寻开心，哪个捉弄心上人，架桥哪怕急流涌，鹊桥功到自然成。”姑娘唱罢才会将烟袋点燃。小伙子会趁热打铁讲些赞扬和感激的话。姑娘这时会含蓄而羞涩地表示道：“本想跟阿哥点一辈子的烟火，由于手笨人拙，点烟无味，才点袋烟就嫌弃，哎！不走也得走了。”小伙子会

---

① 龙JY口述。

赶紧抓住对方的肩膀唱道："挽手连臂妹莫走，我俩坐夜到登头。"这样，以歌代答，越说越有兴致，也就离一场美好的姻缘不远了。

三、文化持有者探析

场域理论认为，场域的基本构成因素，首先是在特定社会空间中的各个行动者的相互关系网络。任何场域的存在，主要决定于在其中活动着的行动者，在其行动脉络和过程中所形构的各种相互关系网络。由于这些关系网络是随行动者的实际行动而存在，所以，这些网络本身就贯穿着行动者在行动中所具有和所呈现的一切活生生的因素，其中主要包括行动者的行动意图、产生行动意图的社会背景和社会地位、贯穿于行动规划和程序中的各种策略原则、表现在行动过程中的行动者本身及其相关的其他行动者的权力关系，以及在行动过程中所表现出来的各种现实的、历史的和潜在的社会动向。[①] 阳烂侗族行歌坐月活动的直接行动者是青年男女们，次之是提供活动开展地域场所的家长，再次之可以算是整个具有这一习俗文化并且可以自由开展该活动的村寨所有人。这三大分层的由近及远的行动者在其行动脉络和过程中所形构的各种相互关系网络，呈现了活生生的侗族文化及社会关系整体网络。出于文章的结构安排，以下仅就行歌坐月活动开展在场的两大行动者进行分析。

（一）乐在其中的青年男女

1. 行歌坐月主体参与者的资格分析

对于参加行歌坐月活动的主要当事人——青年男女们来说，他们必须满足三大基本条件才能参加这一活动：

① 参见高宣扬：《布迪厄的社会理论》，同济大学出版社，2004年，第146页。

一是年龄。虽然，参加行歌坐月活动的青年男女主角们具体年龄并没有十分明确的限制，但实际对于被赋予自主活动能力的青年们来说，年龄还是有隐性的制约。从人类共性的成熟周期来看，一名幼儿并不具备可以独立进行活动的能力。对于要参与行歌坐月活动的青年男女来说，必要的生理成熟是必须的。只有生理成熟了，各种与智力发育有关的器官也才告成熟，也才能成为保障个体自主活动和进行能动选择的基础条件。一般来说，侗家男女长到十一二岁之后，即在少年时期，便开始分别聚于某家或村落集体的火塘边，由老人为之教歌、教唱，进行对唱前的训练。女孩长到十五六岁，即可与族内或邻居的姐妹结成同伴，傍晚聚会于其中一家，一边从事针线或其他手工活，一边等待本寨或外寨的小伙子前来行歌坐月、谈情说爱。

二是对唱的技能。侗族是个能歌善舞的民族，对于一出生就浸润在歌养心之中的侗家孩子们来说，歌唱并不陌生，因此有人说，侗家只要会说话就会唱歌。正是这种良好的艺术氛围，赋予了侗族青年男女歌唱的天赋。但是，唱歌与对歌毕竟还是有所区别。对对唱技能的掌握和发挥，成为侗寨青年男女行歌坐月必备的法宝。只有熟练掌握了对唱技能，侗寨青年男女在行歌坐月时才能博得好彩头，也才能得到长辈的赞赏，得到女青年的青睐。正是基于对对唱技能的重视，而这一技能凸显的却又是整个侗族对浩瀚历史、人类生命和自我文化的理解，就需要有专门的训练。因此，阳烂侗寨有这样的说法：没有三个冬天的学唱，是不敢出门对歌的。侗族青年男女在少年时代接受的火塘对唱教育，从另一方面也反映了阳烂侗寨传统的文化教育模式。行歌坐月中，对对歌技能的要求是十分高的，因为对于青年人来说，他们的感情必须通过歌声表达出来，才算合乎礼数。以歌代替语言、谈情说爱，是获得恋爱资源的基本条件，否则就会被认为头脑简单，不灵活。作为笔者重要报道人之一的龙医生诉说了他年少时参加行歌坐月的情形：

我年少时跟随老成的青年去行歌坐月，他们一进屋见到姑娘就互相问答起来，对答如流，犹如相声演员在表演。我由于嘴笨，不会唱也不会答，只能两只眼睛呆呆地盯着看，看着伙伴们凑热闹，自己却狼狈地坐在一旁吃醋，很懊恼，心里暗下决心下次一定要好好表现。第二次再去行歌坐月，我学乖了，尽管仍然说唱不好，也大着胆子，红着脸，挨着姑娘身边坐下。谁知，姑娘见我小巧，手一捞，就把我抱坐在膝盖上了，我害羞地要挣脱，姑娘却逗我似的抱得更紧了，引起周围伙伴的起哄。我当时心里窘迫得很，愈发明白是自己不善对唱惹的祸。一般只要进入姑娘家，能够很好地对唱，就会获得姑娘的尊重和喜爱，并且小伙子歌唱得越好，表示对姑娘的情谊也就越深，越能得到姑娘及其家人的青睐，如果小伙子进到家门闷不作声，就会引起女方的误解，以为对方看不起自家，对自家无意。这是侗家的规矩，俗话说"进山捉鸟，就得知鸟音"，不遵守规矩，只有一个解释就是发泄"不满"。不懂对歌的小伙子们在行歌坐月中很难找到对象，只能继续光棍下去了。

后来，龙医生在行歌坐月中，不断总结经验，抓住了对歌和恋爱的窍门，博得现在妻子的赏识而私订了终身，以致让已经自小订了娃娃亲的妻子毁弃了父母为她选择的婚姻，而铁定了心嫁给龙医生。

三是懂礼。侗族很讲礼，这里的礼实质上就是一种习惯的约束法。青年男女们行歌坐月时，必须遵守礼数，否则不但会被对方耻笑，遭到在场的家长及老人的斥责，严重的还会遭到款法的制裁，以后将无法在村落社会生活里抬起头来，更不用说换个地再参加行歌坐月了。当然，对于严格按照惯习生活着的侗家人来说，鲜少有违背礼数严重至遭到款法制裁的，他们总是在习惯允许的范围内从事最大极限的嬉闹。对于行歌坐月的礼约束，阳烂有这样的"七层七款"和"第三款"约束：

青春年纪，正像盛开桃花，男插鸡羽，女戴银花，老年人吃完夜饭上床睡，小伙子们吃完夜饭寨中游，姑娘在家织锦，男子游村走寨，男游村乡，女坐檐下，青年男女，青春花时，山上吃苞，甜言蜜语，冲里摘梨，细雨悄言，正当往来，合理应该。切不可男乱女花，讲金要银，爱富嫌贫，有钱就爱，无钱就甩，要像金和铁，莫做烂草鞋，真的是真的，假的就是假的，莫做牛粪糊墙壁，鸡屎粘雀窝，莫像鹅屎污江河，狗屎涂凳桌，肮脏又龌龊。

不许谁人，撩妻弄妇，拐抢人口，逞强强奸，谁人犯了，剥皮抽筋，打人连抄家，打马连毁鞍。

只有具备以上三大基本条件的青年男女参加行歌坐月才会如鱼得水、游刃有余，也才能在这样的活动中感受到交往的乐趣。

2. 行歌坐月主体行为的性别探讨

从男女两性在行歌坐月习俗活动中扮演的不同角色来看，呈现出了严格的社会性别分工。在该习俗生活中，男性总是游走的一方，而女性则处于相对静止等候的一方。比较起来看，在行歌坐月习俗中，男性的主动性和掌握的决策权更大于女性，女性处于相对被动的地位，她们总是在特殊的敲门声响起时，通过简短的几句对歌就得决定是否打开屋门。在这同一习俗活动中，阳烂侗族青年男女相异的表现和位置，一定程度上展示了侗族传统社会至少是行歌坐月流行岁月里的社会结构和制度模式。

正如调查的时候，笔者访谈了很多不同年龄层次的女性，询问她们关于村落历史及行歌坐月习俗的问题。一部分女性对所问问题感到害羞而回避，保持沉默，另一部分女性虽主动作答，但是她们给出的回答如男性记忆一般的整齐划一，在对村落历史的描述上，均采用了前文的描述。仔细推敲，不难看出前文对村落历史的描述中，女性参与建构村落历史的身份一直都是缺席的。从可以追溯到的阳烂村落历史来看，也未曾收集到任何与女性始祖相关的资料，唯一有的只是关于两个男女鼓楼的说法，但遗憾的是后经多方考证，男女鼓楼的说法并不成立，鼓楼有两个的原因在于阳烂村有龙、杨两个姓氏。而这两个姓氏的传继也均以男性继嗣线条为主导。

再回到行歌坐月论题上来说，女性处于被动等待的地位，结合村落历史建构中女性的缺席，可以看出阳烂侗族的传统社会是以父系传承为主导的村落社会，女性在其中从属于男性，而从后文将要论述到的行歌坐月的范围来看，女性地位的从属与行歌坐月的习俗还有原始社会氏族外群婚（择偶）的遗风。

（二）旁观及回避的家长与长辈

行歌坐月还有另一类当事者，就是为其活动开展提供场所的主家长辈及老人。在行歌坐月整个活动的开展过程中，他们承担了监护人和主持人的角色。说其是监护人和主持人的缘故在于：对于一场完整意义的行歌坐月来说，在整个活动开场的前两个阶段，他们不但扮演了在场的角色，旁观体验了至少大半场的事件活动，更充当了督导的身份。他们对来行歌坐月的青年人歌唱水平、礼数的周到及人品的评价都具有直接的发言权。当然，这种评价可以是当面的，但更多时候并不会直接指出。又由于在阳烂侗族传统社会中，人们对社会地位和权威的认可最重要的衡量标准就是年事，他们对老一辈的认同，已经远远超出了敬老的程度。因此，整个行歌坐月的顺利进行乃至最终目的的达成，与事件的另一类在场者和旁观者的评价颇为密切。从这样的事实出发，家长层面的旁观代表在行歌坐月习俗中扮演的角色应该是间接的参与者，与行歌坐月能够进行得顺利与否不无关系。

间接参与的家长代表并非一直都目睹了整个行歌坐月过程的进行。从男青年到达坐月目的地开始算起，最完整版本的行歌坐月的对歌至少可以分为三个阶段。[①] 第一阶段所对之歌是知识类，内容包括人的起源、万物根由、二十八宿、六十甲子、猜谜等；第二阶段换一段一段地唱，仅来回对上两三回，每回三首，既有约对方进入情歌对唱的暗示，又有催促旁观的家长代表该休息了

① 这三个阶段是针对一场完整的对歌行为来说的，越随着时间的往后推移，以前严格的三大阶段对歌内容要求变得松动了很多，而导致了多数的行歌坐月直接从第二阶段开始。

的含义；第三阶段才正式进入青年男女的情歌对唱阶段。对于旁观的家长代表来说，在进行到第二阶段时，都会识趣地起身入房佯装休息。而实际上，入房了的长辈并不就此入睡，而是躺下窃窃私语小声讨论晚上来对唱的后生和姑娘们。同时，还继续竖起耳朵聆听着火塘边情意绵绵的对唱。家长们的这种回避行为与人类学经典中的回避研究有所类似。

拉德克利夫－布朗在其亲属关系研究中，对回避关系做了出色的探讨。他认为，在土著部落或现代社会中，常常存在女婿与岳母、儿媳与公婆之间的回避关系。这一关系指的是女婿与岳母或儿媳与公婆之间尽可能躲避，如敬而远之、绕道不碰面等，其特征是表现出极端的尊敬或恭敬，以致到了双方尽可能避免任何接触的地步。根据拉德克利夫－布朗的看法，这一关系应放到整个社会关系中去考察。他认为，社会关系可分为两类，一类是同一个群体成员之间的关系，另一类是不同群体成员之间的关系。后一类关系又可分为四种：①基于婚姻的夫妻关系；②基于商品与服务的关系；③基于结拜或类似行为的朋友关系；④基于戏谑的亲属关系。接着，他进一步分析到，考察规制亲属角色行为的全部礼节和亲疏的有关行为，可以分为两个对立组：①尊敬对亲密；②调侃对回避。尊敬是子女对父母的典型关系，亲密则是同胞手足之间的典型关系。而调侃与回避关系则是一个人与某些不属于自己世袭群的血亲及姻亲之间的典型关系。它们都有一个共同目的，即都是为了保护在一组关系上结合、又在其他关系上分离的人与人之间的微妙关系。以上也正是拉德克利夫－布朗在《原始社会的结构与功能》中指出的：戏谑或回避关系“都是一种固定而稳定社会行为体系的方法，在这一体系中，互相连接与互不连接的因素得到维持和结合”。[①] 具体到阳烂侗寨行歌坐月中家长及老人的回避行为，虽然与拉德克利夫－布朗论述的对象有所

① 夏建中：《文化人类学理论学派——文化研究的历史》，中国人民大学出版社，1997年，第127～128页。

差别，但他们的回避行为产生的前提也正好是行歌坐月的男女两性各来自不同的社会群体尤其是不同的父系血缘亲属集团。更明确地说，也就是指行歌坐月的主体双方必须来自允许的通婚范围之内，属于同一父系血缘亲属集团的男女不可以行歌坐月。而在该活动中，家长及老人的回避正好符合布朗认为的“回避关系是一个人与某些不属于自己世袭群的血亲及姻亲之间的典型关系”，不同之处只是在于阳烂侗寨行歌坐月时的回避不是彻底的回避，而是活动进行到前文中所述的第二阶段之后才开始的回避。倘若说，布朗给予的分析是在于做出理论高度的总结的话，那么阳烂侗寨的回避规则是否可以说明在一般性理论之外，还有特殊的存在，阳烂侗寨的回避是一种被劝说的回避，而这种回避也仅仅只在与情事紧密相关的处境之中，想要达到的是避免尴尬或是因为家长和老人被先天赋予的评价权威而带来的无形压迫感，与布朗所界定的尽可能躲避、敬而远之的回避关系有所不同。当然，阳烂侗族在这一活动中表现出来的不彻底回避，有可能也仅仅只是因为这时的男女两性并非婚姻的关系，有些甚至连情侣都还算不上，但阳烂侗寨这样的特殊回避关系，至少还是从某些方面展示了阳烂侗族特定的文化性情。

第三章　行歌坐月隐喻：侗族传统社会婚恋制度的体现

行歌坐月作为阳烂侗族的一种传统社会习俗，可以算是一种象征符号，它是特定语境中的一种文化具象。在《宗教生活的基本形式》一书中，涂尔干认为由于象征和集体表象迫使人们服从于与人的本能格格不入的行为和思想规则，因此没有象征和集体表象社会感情便不可能存在。象征人类学的研究，正是在涂尔干对社会和象征的密切关系的论述基础上发展起来的，它十分注重从象征的个人介入、播化、类比、隐喻、联想等概念中汲取养分。[①] 这里提到一个至关重要的词汇，即隐喻。隐喻与符号同属于象征体系研究中的关键词。利奇在其象征体系研究中，对符号与象征做了区别：符号表达了一种内在的关系，它与它所表达的事物同属于一个文化背景，是一种“局部代表整体”的关系，是转喻的关系；象征则代表了属于不同文化背景下的事物，如在《圣经》故事里，蛇在伊甸园里是邪恶的象征，蛇的动物学语境与邪恶概念的道义语境，没有任何固有的联系，这是隐喻的关系。[②] 如果从这样的界定出发，阳烂侗族行歌坐月这一文化具象背后所蕴

① 参见王铭铭：《西方人类学思潮十讲》，广西师范大学出版社，2005 年，第 95 页。

② 参见夏建中：《文化人类学理论学派——文化研究的历史》，中国人民大学出版社，1997 年，第 293～294 页。

含的深层次内涵又是什么呢？阳烂侗族通过这样的直观行为所凸显出的隐喻意义又是什么呢；反之，这一习俗又折射出了一种怎样的社会生活和行为模式呢？

一、不需展演的形式

传统社会中的侗族行歌坐月是一种相对真实的客观性，它区别于随旅游经济的发展而带来的“建构性真实”，是一种不需展演的形式，传达了侗族族群生活的真实存在，体现了侗族生活的艺术和审美哲学。人类学家哈维兰认为，艺术是为解释、表现和享受生活而对人类想象力的创造性运用。艺术反映了一个民族的文化价值和关怀。人类学家通过艺术可以知道一个民族是如何安排其世界的，还可以发现许多有关其历史的信息。艺术除了为日常生活添加美和愉悦之外，各种不同的艺术还有其他功能。例如，神话为有秩序的行为设立标准，口头艺术一般能够传播和保存文化习俗和价值。歌曲也能在音乐形式的限制内发挥同样的功能。在某种程度上说，任何艺术形式都是特定社会所特有的，它有助于增强那个社会的凝聚力和团结。[①] 虽然，行歌坐月一词是汉文典籍对侗族这一行为的概括，但这一概括仍然完整地表现出了阳烂侗族这一习俗的生动性。它用行和坐这两个动词将这一习俗的关键要素歌与时空场域密切地联系了起来。行歌坐月中的歌种类繁多、内涵多样，充分体现和代表了侗族生动而活泼的口头表达艺术。

借用人类学家利拉·阿布·卢格德对非洲奥拉德阿利人短歌的理解，可以给行歌坐月的口头表达艺术一个完整的解读：

---

① 参见［美］威廉·A. 哈维兰著，瞿铁鹏、张钰译：《文化人类学》（第十版），上海社会科学院出版社，2006年，第421页。

> 奥拉德阿利人的独特之处在于，他们的反叛话语既在文化上得到阐发，又在文化上受到约束。尽管诗歌涉及个人生活，但它并不是个体的、自发的、某个人所特有的，或者非官方的，而是公共的、惯例性的和程式化的——一种高度发达的艺术。更重要的是，这种挑衅的诗歌话语不会受到谴责，或者甚至只得到容忍，它同样具有一切约束它的时间、地点和形式的限制。在奥拉德阿利人社会中，诗歌是一种有特权的话语。与其他的阿拉伯人一样，也许也和很多口头文化一样，贝都因人珍视诗歌和其他口头艺术。……他们深受“吉那瓦”的吸引，但同时又认为它们是猥亵的、反宗教的和多少有点不合适的。……这种关于诗歌的模棱两可的态度是很重要的，它只有根据对立的文化意义才讲得通。因为平常的话语中告知的是荣誉和谦逊的价值观，支撑着奥拉德阿利人社会政治系统的意识形态的道德相关项，所以我们也许可以期望在传递着矛盾信息的反结构的诗歌话语中，看到一套相反的价值。然而情况并非如此。诗歌作为一种蔑视既有制度的话语，它象征着自由——系统的终极价值及社会规范的主要继承者。[①]

结合上述的理解，行歌坐月的关键因素歌是区别于日常言语体系的一种反结构表述方式，虽然不见得代表的就是一套相反的价值，但它唱的行为及唱出的心声必须是在特定的时间、地点和形式之下才能完成和体现的，否则，一旦剥离开这种特定的场景，只会招致不合时宜的精神有问题的认定。歌词是歌最重要的组成部分，以下将选取部分情歌对唱中的词为材料进行上述定性的分析。

男（起唱）：今天你们到来，我们上下都很喜欢。今晚龙

---

① 参见L. 阿布·卢格德：《隐而不露的情绪》，加利福尼亚大学出版社，第252页。转引自［美］威廉·A. 哈维兰著，瞿铁鹏、张钰译：《文化人类学》（第十版），上海社会科学院出版社，2006年，第433页。

进水缸，连葫瓢里的干鱼也睁开了眼。

女：我刚才对歌还未尽兴，没想到还有机会跟阳烂的哥哥登台对唱，心里高兴还真少见。

男：说到对歌，我还真的奈不何。如果上山挖地，大不了我努力多挖几锄。

女：听说这里对歌，你排行老三。这次登台遇到你，让我心惊胆战把歌词全忘。

男：影碟里放的歌，我们听来从不厌倦。好在君良那个人呀，为我们湖南通道争了个功名。

女：他人较糊涂，像个鬼一样。这次阿鸾到来，遇见你感到耳目一新。

男：世人都说广西人，情歌对唱厉害得很，单说木岳就算一霸。

女：广西唱歌不会什么花样，不如湖南的阿哥唱得好，把我阿鸾夸得太好了。

男：再说阿曼娘和你艳鸾，人长得漂亮还有一副好嗓子，现在现场直播比荧屏上还要强几倍。

女：我和阿曼娘面目长得不好。到你们这个地方和你们相遇，我心中十分爱戴。

男：我看你阿妹，人聪明心也好。说话得体，整个这里的小伙子们想入非非。

女：你爱我爱，（什么事情）就好办。我情你愿，恐怕难为情，会像只蜜蜂颤翅膀。

男：我看阿妹呀，面目白皙像一只白鸟在树上栖息。面色红润好似一条彩龙逆江而上。

女：奈何我面目不净，像个陈旧的油渣饼。如不用摆设只存放，才会来选我。

男：长得很好的竹子，千万人都想去培育。咱像水竹长在溪沟旁，扎扫帚都丢弃到一边。

女：奈我长得丑呀，像把砍树蔸的破柴刀。如你不信转眼过来看，鸾只像个被岩石夹扁的红薯。

男：我好比个鱼胆苞，从来没人拿来尝。你像丛中的甜山苞，我刚伸手去摘便被抓（破手）。

女：奈我长得不高，像个李子在簸箕内滚来滚去。背拱腰驼，像条蓑衣覆盖酿酒坛。

男：今晚我们在这里开心地聊天不觉得一点厌烦，却想不到你和别人正手握着爱情信物，情深义重深似海洋。

女：我哪条路都不想走，一心只想嫁到阳烂结成姻缘，只你才合我心意。

男：甜言蜜语你只跟我玩一阵，后来跟他人竹和笋子共条冲，像只鸟儿得丛甜苞，厌了那丛苦山苞。

女：怪我不知道情话怎么讲，心里想郎心潮翻腾，痛到背。

男：十年前我到八江铁路打零工，走穿弄卯我只睁眼瞅上你（这姑娘）。

女：十年前我还年轻，到了现在十八已满，一心只想等你娶我进到你家门。

男：三年五载我俩什么话都说过了，我还以为是真的，回家跟老人家实话实说。

女：当时跟你什么话没讲过，只差没有同桌共饮。

男：大人告诉我，你去接她过来，你俩劳动共一山，芦笙成双对。我就得了一个媳妇是广西妹。

女：哇你哟！如阿哥真接我到你家去做媳妇，我进门喊爹叫娘，可你自己不知在何方。

男：到了腊月我到你家想约你去政府扯证办结婚，谁知你这么着急，早在三天前就已经到了别家发泡茶。

女：平时跟你说话可以不算数，到了腊月我阿鸾就不再跟你开玩笑了。

男：使我昏昏沉沉人都傻了，上了火车分不清东西（窜）到了靖州。

女：你说你傻呀，其实我更傻，因你傻样难堪，怎不迎我进到你家门。

男：我好比那蜜蜂采花一样，来来去去千万次，谁知北风来临把我撇开，却被他人得蜜糖。

女：田园一片我不想，想的是抓住你所说的那一丘不松手。

男：我是蜘蛛没有翅膀在屋檐下住，巷道中间编网，特意做个机关来娶阿鸾。

女：我是蜘蛛没翅膀，如我是老鹰展开翅膀，围着山冲放眼追。

男：只想我俩碗筷一盆洗，灌溉共条渠，鱼虾共条溪，画眉共盘弄。

女：心里想你酸溜溜，我从广西寻来，大腿都走麻了。

男：如果我俩能结成姻缘，两人甜蜜共同生活。像他们城市里的情人，无论去哪里，都要手牵手。

女：如果我俩相好，走到哪里算哪里，每当四月犁田插秧，阿哥开沟只等阿鸾插横行。

男：你跟你那位阿哥说那情话都还不够，好似我们清明做甜藤粑，还要添白糖。

女：别人对你好，茶油炒饭还嫌粗，如果我得到你，茶水泡饭也甜如蜜。

男：娶到你的那位，他的命有七两二，你俩一支，鸾呀配凤，凤配鸾。

女：如我得到你，上山劳动，家里煮饭我承当，靠着阿哥教书，我也免受太阳晒。

男：如你跟着我要不多久会嫌烦，我无田地，全靠市场购粮，每餐一碗无添加。

女：我怎会嫌弃啊，如嫌阿哥正如赤脚踩沙石。

男：锅巴都全无，阿妹快把锅子洗，丢两个红薯进入火塘来充饥。

女：哪餐煮多我少吃，哪餐煮少我就不吃饱。

男：人生在世，你又那么容易成双对，如果你那地方还有单身之婆，你要帮我们搭桥牵线连佳偶。

女：不知道要等到哪时才能让我当奶你当公，如有真心，叫你妻子让位，留给我阿骞。

男：那我告诉阿妹，你也不离我也别弃。依我的想法，我俩相约去广东。

女：你我相约上六寨，翻过洪州，我俩亲亲密密不想回家来。

男：正想与妹相约，但我身上无车费，如果你妹会想把项上银圈拿给阿哥去换钱。

女：我俩相约，不要寻家去找田，背个破罐早煮红薯芋头夜青苔。

男：如果没有钱，我俩走路别坐车，去到湖南下面垦荒田。

女：口袋有钱我也不坐车，我俩甜言蜜语，免得荒废到人间。

男：两人牵着手情深义重进深山。只怕日后，扛锄背耙，心灰意冷，抛下阿哥好孤单。

女：我跟阿哥不要分开，好像碎银结成火花熔成一团在一处。

男：我俩结不成对，约不成夫，只怪姻缘不中难偶配。

女：我只怪那阎王不会安排，怎不把我的名字写在你的本簿上。

男：阿妹唱歌，好似那高山流水，我咋那么笨，两眼发黑话不圆。

女：你乃下笔成文懂文化，奈我一字不知，怎能赛过教书之人。

男：正因嘴巴笨话不成歌，对不长。这次回去以后，把那舌头磨得尖尖，往后找个机会你再来对唱吧。

女：现在舌硬嘴笨都已是这样，如果牙尖嘴利那还不更厉害。

……

男：画眉衔草为筑巢，帮工不怕辛苦活，只望中秋节歌节，妹烧油茶欣待哥，阿妹也！八月十五我定来，千万你要牢记着。

女：画眉嗓林日头斜，心里乱了一团麻，眼看阿哥就要走，两眼含着泪花花，阿哥也！歌节定把油茶煮，单等阿哥到我家。①

以上对歌的双方，都是已婚的人。从歌词中可以看出女方远比男方大胆得多，双方在尽量地互夸之后，女方在明知男方已婚的情形下，还表示要嫁到男方家，吓得男方对不上话，只能草草收场。从歌词的内容看，所用比喻的参照物都来源于实际生活，体现了艺术与客观世界的一致性。从歌词实际表达的意义看，感情大胆直接，是在侗族现实日常生活中不会出现的。这充分体现了行歌坐月的歌是区别于日常言语体系的存在，可以说是一种反结构的表现。它的出现，与奥拉德阿利人的短歌行为一样，“具有一切约束它的时间、地点和形式的限制”，凸显了特定场景中的特权。从对歌产生的直接后果看，只要双方愿意，极可能发生更进一步的深入交往，以歌为形式的言语行为作为语言活动中重要的组成部分，可以影响行为，进而影响文化。有学者认为：“语言与文化有许多不同的特点，主要表现在：①语言在文化中属于精神文化范畴，精神文化大多有阶级性，而语言没有。②语言的内容是人脑的产物，而其物质外壳是声音，是发音器官，有物质性。③文化是人为的，而语言是约定俗成的。④文化可以有模式转换，如由一种制度变为另一种制度，由一种宗教变为另一种宗教，而语言的发展是渐变。所以，可以认为语言是文化中的一个特殊的

① 材料由杨 ZP 的三儿子杨 L 提供。杨 L，男，1975 年生，大学文化程度，现任职于通道侗族自治县人民政府。对歌中的男性正是杨 ZP 老师。

组合体。从这个意义来理解，语言和文化的关系是局部和整体的关系。但语言和文化还有另一层关系：语言符号是文化的重要表达形式，即文化的内容是通过语言来表达、来反映的。从这个角度来看，语言和文化的关系是形式和内容的关系。”[①] 无独有偶，行歌坐月的歌作为一种语言符号不但反映了人们生活的真实客观性，而且体现了民俗文化，突出了特定仪式（对歌）中的反结构与反常规（区别于日常生活的含蓄作风），是侗族族群性格的完整表达，概括了侗族游离在道德伦理约束与豁达之间的温和文化模式。

二、行歌坐月的潜规则

款作为侗族传统社会最重要也是最主要的社会制度，社会控制功能配置最齐全，影响的社会层面最广泛，功能效果也最突出。[②] 它制约和规范了侗区的其他社会制度，阳烂侗族传统社会就是侗款政治社会。从这样的理解出发，前文中提到的两种款，即第三款（不许谁人，撩妻弄妇，拐抢人口，逞强强奸，谁人犯了，剥皮抽筋，打人连抄家，打马连毁鞍）和七层七款（青春年纪，正像盛开桃花，男插鸡羽，女戴银花，老年人吃完夜饭上床睡，小伙子们吃完夜饭寨中游，姑娘在家织锦，男子游村走寨，男游村乡，女坐檐下，青年男女，青春花时，山上吃芭，甜言蜜语，冲里摘梨，细雨悄言，正当往来，合理应该。切不可男乱女花，讲金要银，爱富嫌贫，有钱就爱，无钱就甩，要像金和铁，莫做烂草鞋，真的是真的，假的就是假的，莫做牛粪糊墙壁，鸡屎粘雀窝，莫像鹅屎污江河，狗屎涂凳桌，肮脏又龌龊），都从不同层

① 参见戴庆厦：《社会语言学教程》，中央民族大学出版社，1993年，第54页。

② 廖君湘：《南部侗族传统文化特点研究》，民族出版社，2007年，第141页。

面对行歌坐月进行了约束。如果说这些约束是直接而明确地为行为活动提供参照准则的话，阳烂侗族的一些社会习惯尤其是婚姻圈和礼仪活动则为行歌坐月提供了内隐的潜规则。

（一）与婚姻圈的契合

调查的时候，笔者特别留意了对行歌坐月半径和范围的访谈。在访谈的过程中，村民们总是用具体得近乎细微的表述来传达他们对行歌坐月范围的理解。他们更乐于描述具体的事实，指出哪些人与哪些人之间可以行歌坐月，哪些人与哪些人不可以行歌坐月，末了，还会加上一句“自己一家的男女不能在一起唱情歌的，因为他们不能结婚”。阳烂侗族有层次分明的家族概念，可以分为三个层次[①]：第一个层次为小房族，即五服之内的血缘系统，族内严禁通婚。凡有婚丧生育喜事，族中的所有人员一律出来帮忙，且都在当事人家吃饭，族中人平时视若同胞，关系甚为亲密。第二层次为大房族，即由几个血缘相近的小房族组成的血缘群体，这一血缘群体的成员，关系不及小房族紧密，称之为“补拉”，他们有自己的族长，家族内部供奉同一祖先，有共同的祭祀活动，有公共的墓地。大房族成员之间不准通婚，同辈人皆称兄弟姐妹，也不能在一起行歌坐月，若有违犯，轻者受到公众谴责，重者要被开除族籍甚至驱赶出寨。寨内的歌队，也按大房族组建，甲房族的男队只能同乙房族或丙房族的女队对歌，同样，丙房族的女队只能同甲房族或乙房族的男队对歌，同一小房族的男女既不能在一起对歌，也不能在一起练歌。第三层次为姓。阳烂侗族的父系主要有龙、杨两姓，他们之间可互通婚姻。以上家族的层次直接界定了通婚的范围，约定了行歌坐月的最小半径。从以上可以看出，行歌坐月的范围与婚姻圈存在某种程度的契合，而这种契合的根源又在于阳烂侗族将行歌坐月的目的简单地归结于寻找配偶。先不说这样的理解是否完全表达了阳烂侗族这一习俗的全部

---

① 参见罗康隆：《“桃源”深处一侗家（侗族）》，云南人民出版社，2003年，第26～29页。

意义，至少可以说明行歌坐月是缔结婚姻的充分条件。只有行歌坐月的范围与婚姻圈一致，也才能达成择偶的指向，完成婚姻的诉求。

对婚姻圈的研究，一直以来都是一个重要而不缺少争论的焦点。美国学者杜赞奇在他所著的《文化、权力与国家——1900—1942 年的华北农村》一书中对婚姻圈有所探讨，所关注的是集市是否是婚姻圈的中心。他的观点来自施坚雅以市场级序的理论来解释中国农村的社会结构，认为市场范围即是婚姻圈的观点。杜赞奇通过对河北省良乡县吴店村的婚姻资料的分析，认为市场体系理论只能部分地解释联姻现象，集市辐射半径在限定联姻圈和其他社会圈方面有着重要的作用，但婚姻圈有着自己独立的中心，并不一定与集市中心重合。[①] 王跃生在其《社会变革与婚姻家庭变动》一书中指出，以耕作为主、交通落后、缺少迁移流动的农业社会，婚姻圈比较狭小。这种状况受制于以下几种因素：一是婚姻方式和信息渠道限制了婚姻圈的扩展。传统时代，农村民众世代居住一地，职业流动较少。而按照习俗要求和法律规定，婚姻缔结又需要媒介从中沟通和作出保证（即所谓父母之命、媒妁之言）。在正常情况下，能够充当媒介者多为亲戚朋友和熟人，这是本代或上代所积累的社会关系，他们多居于三乡五里之内。它决定了婚姻圈基本上在这样的空间范围内。二是在从夫居为主的婚姻习惯下，对女方来讲，无论家长，还是女性本人，都希望婚嫁行为发生后，相互间仍能经常来往。在交通工具落后的时代，要保持这种密切关系，只有嫁在近处，才能方便走动。后一种解释正好与杜赞奇的观点一致，出嫁闺女的村庄坐落于婚娶媳妇村庄的联姻范围之内，这一范围可能独立于施坚雅的集市圈观点之外，其辐射半径可能以一定时间内步行可到达的距离为准，亦可以原

① 参见［美］杜赞奇著，王福明译：《文化、权力与国家：1900—1942 年的华北农村》，江苏人民出版社，2003 年，第 19 页。

有联姻范围为准。[1] 以上对婚姻圈的理解，都有其合理性。具体到阳烂侗族来说，其事实更倾向于王跃生的分析。

考察阳烂侗族的婚姻圈，较早可以追溯的材料是其侗歌中所反映的破姓开亲：[2]

侗家人丁兴旺以后，我们总论姓氏结亲，
三十天路程找女子，七十天路程寻郎婿，带肉肉生蛆，包饭饭变馊。
说到贵筑村头，有一个人名吴广海，
家住在龙塘水井村，有十八个表妹都不合心意。
他背上大袋米，穿上新草鞋，
一村一村找，一寨一寨寻，
走到龙崩寨，遇到姑娘一美人。
这姑娘叫石香妍。
吴广海与石香妍私订终身逃婚到贵筑龙塘水井村。
夫妻生活十余年，生得儿女两个人，
养得儿子叫玉兰，女儿美道亦长成。
有个货郎张老三，做小生意村过村。
贵筑村头吴广海家他常进，
龙崩寨内香妍家是老熟人。
十多年来行老少，龙塘水井今又行；
夜来投宿老友家，广海家里见故人。
张三一看是香妍，又是喜来又是惊。
“香妍姑娘你在这？
家里人总说你被妖怪吞。
你来这里真是好，如今好竹又生新好笋。
你家弟弟石本宗，生得男儿引郎也长成。

① 参见王跃生：《社会变革与婚姻家庭变动：20世纪30—90年代的冀南农村》，生活·读书·新知三联书店，2006年，第96～97页。

② 杨ZP口述。

你又养得一女叫美道，

我要抱他来结结表亲。”

香妍忙说：“好得很！你可回去传音信。”

后来美道和引郎这两位姑表终于成了亲，但因路途遥远，一次美道返回娘家途中被妖怪抢去，后又逃脱跑回家中，为此引起了引郎的疑心，在老人们的劝说下，美道与引郎和好，引郎将妖怪杀死。经过这些磨难，引郎提出了“要结近路亲，破俗规”的主张，后在其父母的帮助下走遍侗乡，找来九十九名乡老，杀牛议款：

这次立未立约，主要是婚姻破姓破俗规。

同族出五服、过五辈，

村头娶姑辈并不碍事理，

村脚娶晚辈，也不算犯俗规。

村近路也近，姚姓嫁姚姓。

兰松娶了姑表辈，郎耶娶了同姓女，

我们结近路亲去噜！

破姓开亲这个故事突出地体现了一定时期内侗族婚姻圈的变迁，它用“三十天路程”“七十天路程”这些词组来说明婚姻圈的半径，同时还严禁同姓婚，流行姑表婚。婚姻还有另一个功能就是让两个原本无直接关系的家庭紧密联系起来，出于保护家庭的这种扩大的姻亲关系，采取缩小婚姻圈的方法，以满足强化联系的需要，就成为引郎之类人更进一步的要求。最终，通过侗歌故事的形式向我们传递了侗族婚姻圈变迁的过程。及至更为晚近的可以通过口述史追溯到的村落历史时期，侗族传统社会的婚姻圈便以结近路亲、方便走动能达到的范围被确定下来。不妨大胆地推测，侗族这一婚姻圈可能和行歌坐月作为一种基本的婚恋习俗被确定下来具有大致相同的时间范畴。当人们能够在较近的空间范围内获得自己的婚姻资源时，长途跋涉的择偶将不为人所推崇。直到这时，行歌坐月一旦被确立为婚恋的一种习俗，那么，它的主要范围也只能被固定在婚姻圈所接受的半径之内。并最终展示给我们的也将是行歌坐月的范围与婚姻圈存在某种程度的契合，而都是要以方便走动、加强联系为宗旨，更何况对于行歌坐月的主体青年人来说，为了不影响正常的日常家庭生活和白天劳作，它的范围也必须适合方便走动，这是行歌坐月的潜规则之一。

（二）对传统仪式研究的补充

行歌坐月可以被看成是一种仪式行为，它与人类学研究范畴的仪式具有一定的相似性。在行歌坐月中，各文化持有者的“结构与反结构性”行为，为了显得中肯而符合时宜，都受制于特定的规则，只是这些规则不是外显易见的，而是内隐被遮蔽了的潜规则。

对仪式概念，人们有不同的界定。亚历山大认为：“就最一般和最基本的方面说，仪式是按计划进行的或即兴创作的一种展演，通过这种展演形成了一种转换，即将日常生活转变到另一种关联中。而在这种关联中，日常的东西被改变了。”[①] 坦姆比亚认为：“仪式是一种文化建构起来的象征交流的系统，它由一系列模式化和序列化的言语和行为组成，往往是借助多重媒介表现出来，其内容和排列特征在不同程度上表现出礼仪性的（习俗），具有立体的特征（刚性），凝聚的（融合）和累赘的（重复）特征。”[②] 上述界定中，前者侧重于强调所有的仪式都以日常生活、人的世界为基础，后者则重视仪式的象征系统，他们都从不同方面“昭示了仪式本身的复杂性和异质性”。“人类学特别关注对仪式所在的更大时空范围的审视，探讨仪式这一文化行为与社会情境的关系，以及在仪式中人与人的关系”[③]，而以特纳为代表的人类学家强调仪式的三个阶段：

> 阿诺德·范·杰内普（1909）所称的“通过仪式”（rites de passage）的“阈限阶段”（liminal phase），就已经展示了

---

① 转引自庄孔韶主编：《人类学概论》，中国人民大学出版社，2006年，第359页。

② 同上。

③ 同上。

这一主题的性质与特点。范·杰内普本人为“通过仪式”所下的定义是：“伴随着每一次地点、状况、社会地位，以及年龄的改变而举行的仪式。”为了明确“状况”（state）与“转换”（transition）之间的对比，我会用“状况”一词来囊括范·杰内普提出的其他所有词汇。这个词比“地位”或“官职”更有包容性，可以用来指代任何一种得到文化认同的情况，无论是稳定性的还是反复性的。范·杰内普已经阐明，所有的通过仪式或“转换仪式”都有着标识性的三个阶段：分离（separation）阶段、边缘（margin）阶段［或叫阈限阶段，阈限（limen）这个词在拉丁文中有“门槛”的意思］以及聚合（aggregation）阶段。第一阶段（分离阶段）包含带有象征意义的行为，表现个人或群体从原有的处境——社会结构里先前所固定的位置，或整体的一种文化状态（称为“旧有形式”），或二者兼有——之中“分离出去”的行为。而在介乎二者之间的“阈限”时期里，仪式主体［被称作“通过者”（passenger）］的特征并不清晰；他从本族文化中的一个领域内通过，而这一领域不具有（或几乎不具有）以前的状况（或未来的状况）的特点。在第三阶段（重新聚合或重新并入的阶段），通过仪式就圆满地完成了。仪式主体——无论是个人还是群体——重新获得了相对稳定的状态，并且因此获得了（相对于其他人的）明确定义、“结构性”类型的权利和义务。他的身上被寄予了一定的期望值：他所做出的表现应当与某些习俗规范、道德标准相一致，而这些正是在这类职位的体系中对社会职位的担任者的要求。[①]

以上对仪式三大阶段的分析一度成为人类学研究仪式必然论及的理论之一，但这一经典研究指出的却只是结构与反结构现象比较外显的仪式活动，从而将人们关注的焦点全部引向三大阶段，

① ［美］维克多·特纳著，黄剑波、柳博赟译：《仪式过程：结构与反结构》，中国人民大学出版社，2006 年，第 94～95 页。

忽略了具有温和文化特性的民族其仪式活动亦同样具有相对温和的特点，而非强烈的反结果、反日常表现。对此，将以上理论用于解释阳烂侗族行歌坐月这样的仪式虽有借鉴意义，但缺乏更为严谨的说服力。

近些年来的仪式研究并没有仅仅停留在以上功能和阶段的探讨上，而是试图从更多角度、更为复合的层面进行研究：仪式具有表达的性质，却不只限于表达；仪式具有形式特征，却不仅仅是一种形式；仪式的效力体现于仪式性场合，却远不止于那个场合；仪式具有展演的性质，却不只是一种展演；仪式展演的角色是个性化的，却完全超出个体；仪式可以储存社会记忆，却具有话语色彩；仪式具有凝聚功能，却真切地展示着社会变迁；仪式具有非凡的叙事能力，但又带有策略上的主导作用。[①] 但从以上研究内容来看，缺少了对仪式本身特征的关注。

阳烂侗族行歌坐月作为一种仪式，主要具有以下特征：一是具有象征意义，它连接两个不同范畴的社会事项，使之达到隐喻（代表）的目的。这在前文已有所描述。二是它是一种由特定群体参加的活动，不是个人心血来潮的突发性行为。这从其参与主体可窥一斑。三是其有特定的规矩，它要求遵守形成已久的公认的规范，讲礼才能获得姑娘和家长乃至村落社会的认可。四是其有不同于日常生活的言语和行为系统，而且这些表现一旦脱离开习俗活动的范围，则会被视为不正常甚至疯癫。对此，阳烂侗族行歌坐月的案例更要说明的是仪式除了具有特纳等人所总结强调的三阶段特性及社会功能外，仪式普遍具有以下特点：象征性、有悖日常性、群体性、礼俗性。区别于文化及其行为的泛仪式化缺陷，这四大特性可以直接成为判定形成仪式的标准。

---

① 彭兆荣：《人类学仪式研究评述》，载《民族研究》2002 年第 2 期。

三、婚恋制度的体现

在传统社会中，恋爱作为择偶的重要途径，常常被认为是一种婚前习俗，人类学、民族学研究将对其的分析纳入婚姻家庭的大范畴之中。从村民们最直接的认知出发，行歌坐月被视为一种寻找恋爱对象，基于择偶为目的的习俗。择偶的目的直指婚姻目标，透过阳烂侗族行歌坐月的婚恋习俗，可以折射出阳烂村落的婚姻制度。行歌坐月习俗主要从以下两方面反映了阳烂侗族的婚姻制度：以姑舅表婚为代表的包办婚姻制度和以自由恋爱为基础的自主婚。

（一）以姑舅表婚为代表的包办婚姻制度与行歌坐月的矛盾

传统侗族社会，盛行姑舅表婚。史载："姑之女必适舅之子，聘礼不能措，则取偿于子孙，倘外氏无相当子孙抑或无子，姑有女必重贿于舅，谓之外甥钱，其女方许配，若无钱贿赂于舅者，终身不敢嫁也。"又有"姑家养女，定为舅媳""姑家养女，非有行妹，舅家估要""否则争，甚仇杀"之记载。在古老的款词中，还这样说道："你是我姑表血亲，娶你不能有怨言，娶你没有身价钱。我们不要，别人才能娶到你，我们剩下，你才能成别人妻。表哥断腿断脚你要嫁，表弟眼瞎耳聋你要依。上天，我们用竹竿来戳；下地，我们用锄头来挖。"对不行姑舅表婚所带来的后果则言："堵住池塘，鱼不出走"；"堵住田口，水不外流"；"强客进村，引外人进寨，田里无收成，山上没出宝；团寨冷淡，家业萧条；老人不喜欢，年轻心不宁；侗变不成汉，马变不成牛；做家业不富，养猪羊不长；浸米不发，种茶也不成。方方无计，事事无成。一怪天地，二怪年成，准是丢了祖宗规矩，搞烂乡村！"按其俗，姑家之女，只要年龄相适，必有一女嫁给舅家之子为妻，即使外嫁，也要事前征得舅家同意，而且在结婚之时，外甥女和外甥女婿家要分别以上宾礼宴请舅家，表示娘亲舅大，否则将会引起舅家不满。同时，还要由外甥女婿给表兄弟赠送一定礼物，甚至给舅家一笔钱作为赔偿。[①]

姑舅表优先婚制度在整个侗族传统社会普遍流行，阳烂村也不例外。据调查，阳烂村直到20世纪80年代初期，姑舅表婚都尚未完全废除。而对于参加行歌坐月的青年人来说，调查资料显示几乎没有谁会跑去自家姑姑家行歌坐月，因此这一传统的婚恋习俗很难造就姑舅表亲男女两性之间的自由恋情，由此也就导致了姑舅表优先婚与行歌坐月自由择偶习俗之间的矛盾。在宽松的传统社会生活中，阳烂青年男女们均有机会参加广泛的社交活动，只要他们愿意，找到自我心仪的婚恋对象并不是难事。更何况，阳烂传统社会对婚前及婚后生活的限制并不显得特别严格，即使是已有恋爱对象和结婚了的人，同样享有自由行歌坐月的权利。只是这样的权利，男性的自由度要远大于女性。这也是由男女两性在行歌坐月习俗活动中所扮演的角色决定的。女性处于相对静态，只是在自己的村落、家屋，或者姐妹们的家里等候男青年的到来；男青年则游走于周围的村落，可以每晚去不同的女性家里行歌坐月，只要他们愿意，可以隐瞒自身真实的婚恋情况。也正是因为这样的原因，行歌坐月情歌对唱阶段，男女双方一开场总是要用询问和反讽的方式试探地去了解对方的婚恋状况，即使对方的回答不一定代表了实情，也乐得接受。

（二）配合自主婚的抢婚习俗

大多数时候，面对行歌坐月时确定单身身份的提问，青年们总是选择否定回答，以便对歌娱乐性行为的进一步推动，否则就会被人们认为笨头笨脑和不会玩耍。阳烂就有这样的案例发生，而且还为数不少。一次远途的烈日徒步，杨ZP老师向笔者如数家

---

① 参见杨筑慧：《侗族风俗志》，中央民族大学出版社，2006年，第104～105页。

珍似的描述了当年的他，是如何在有了恋人的情况下，继续行歌坐月，掳获了一个又一个姑娘的欢心，只是不犯原则错误。当然，也并不是所有的人都能在这样和平和自觉的方式下处理好自己的感情问题，于是，就有了基于自主婚而产生的抢婚习俗，作为自由恋爱缔结婚姻的有力补充和手段。这一手段也成为解决包办婚与自由婚之间矛盾的重要方法，不但体现了习俗文化在促进阳烂侗寨“小社会”运行方面的有利作用，而且反映了这一“小社会”的生命活力，表明其不是僵化死板的社会模式，而是能够利用习俗调节、整合社会的具有温和性文化特征的有机聚落。

> 坪坦村有个姓杨的姑娘，父母为她选定了横岭村的吴姓小伙子为结婚对象，但是杨姑娘在有了未婚夫的情况下，继续参加行歌坐月。后来，在行歌坐月中认识并喜欢上了阳烂村的龙某。两人谈情说爱，花前月下，感情十分好，也都到了非她不娶、非他不嫁的地步。在父母的要求和安排下，杨姑娘不得已接受了吴某的提亲。到了迎亲的那天，吴某早早地来到了杨姑娘家，并且端坐在火塘边等待杨姑娘梳妆打扮。这时早就接到了通知的阳烂村小伙子龙某也赶到了。他也不避讳地坐到了火塘边，并且暗地里还跟杨姑娘对上了眼神。在杨姑娘的示意下，小伙子借口上厕所出了门，杨姑娘借口进屋收拾东西，也从后门跑了出去。两人相约着一起逃跑。阳烂村的小伙子不敢带着杨姑娘乱跑，买了鞭炮径直回了阳烂的家，然后燃放鞭炮，两个年轻人这才踏实下来。鞭炮一响，表示亲事也就成了。龙某父母听闻鞭炮声，被吓了一跳，赶紧起床，冷静地听了描述后，才知道儿子已经将媳妇娶进了家门。天亮后，父母急忙召集亲朋好友商量如何善后，最后得出结论：在父亲的房族内，选派两位能说会道、酒量较好的老人，到杨姑娘家去报闻（即报告她家女儿到这边房族某小伙子家做新媳妇了）。这个时候，女方家长肯定会不高兴，但是面对忤逆的女儿，已经生米煮成熟饭，只能接受。为了不火上浇油，顺利地把事情做圆满，报闻使者能说会道

的本事必须充分发挥出来，才能让女方家长转怒为平和、进而为喜。女方家长出于对先前计划婚配对象家庭的尊重，起初一般会采取对报闻使者很生气、不理睬的策略，这时报闻使者还要脸皮厚，能拉得下脸面来继续跟女方家长沟通，直到女方家长开始松口提条件。报闻使者得一一将女方家长的意见记下来，回去转告男方家长。一般来说，女方家长所提的条件中，除了要求新婚得怎么办理和计划岳婿之间的纠葛（主要是一些聘礼的问题）之外，还得指示女儿回门时候所带物件等。报闻使者在吃完女方家准备的午饭后，于当天返回自己村落向男方家长转告女方家长的态度和要求准备的回门礼品。至此，因抢婚事件而引发的其他一系列情况都被导入正常的婚姻缔结程序中。而娶不到新娘的横岭吴姓小伙子灰溜溜地回家之后（侗语背红表示的意思就是新郎去迎亲，却未接到新娘），面对家里济济一堂的客人和准备妥当的宴席，不得不采取另外一套侗语称之为救登的方案，即请求媒人速配婚亲。横岭吴姓小伙子在媒人的引荐下娶了在村里人认为是老姑娘嫁不出去的李妹，双方各取所需，也算完成了一场婚姻。[①]

还有一个案例是这样的：

从阳烂村搬去五溪熊冕居住的一个龙姓家庭，在20世纪40年代末生育了一个女儿，取名XF。XF长大后，出落得亭亭玉立，是远近小伙子都争相行歌坐月的对象。于众多行歌坐月对象中，XF同时看上了广西林溪乡高秀村一名叫作杨YL的小伙子和高团村一名叫作吴QJ的小伙子。两个小伙子也都十分喜欢XF。但是，婚嫁只能一方，两名小伙子互不相让，争执不休。为了避免这样的尴尬和纷争，XF不得已去了外婆家避难，而两名小伙子紧追不舍，也追到了XF外婆家。

---

① 龙YC口述。龙YC，男，1943年生，中专文化程度。其他访谈对象，如杨ZP、杨ZY、龙JY等，都证实了这一案例的真实存在。

后在XF外婆家人的劝说下，两名小伙子回家了。这一事件拖了达年余，最后在家人的开导下，XF下定决心选择一人，XF就将接亲的时间告诉了高团的吴QJ，但不知怎么让高秀的杨YL知道了风声，杨YL邀集同伴前往XF家抢亲。这事被出外上厕所的高团家的伴郎发现了，伴郎急中生智，将新娘子的衣服藏了起来，准新郎吴QJ心想嫁妆都留下了，应该不会再有变了的，于是放松了警惕。杨YL趁机约了XF逃跑，等到高团吴QJ发现时，两人已经跑了很远。气得吴QJ的弟弟诅咒说："下次让我撞见，非打断杨YL的狗腿不可。"背红的吴QJ回家之后，经房族人商量之后决定，只得娶了同期没有被娶走的高步一女青年。而杨YL带着XF跑回家之后，燃放鞭炮，惊起了父母，父母只好马上着手准备婚事。三天之后，杨YL父母派人去高团希望拿回XF的衣物（吴QJ的弟弟见原嫂子跑了之后，将藏起来的衣服在哥哥的授意下拿回了高团家中），吴QJ不允，要求杨家拿钱赎回，因此事情没有谈妥。一个月之后，在吴QJ现媳妇的游说下，吴QJ同意了送回XF的衣物。至此，各方情绪安抚下来，各家过上了美满的日子。①

另外一个是一男同时有两个结婚对象的案例：

高步有一吴姓青年，在本寨行歌坐月时，同时谈成了两名姑娘。到了年关时分，吴某准备迎亲结婚。迎亲头一天的晚上十点多，吴某先去了第一个姑娘陈妹家玩耍，出门后再到第二个姑娘罗妹家坐下，准备迎接罗妹做媳妇。夜里四时，吴某迎接了罗妹回家，并燃放了鞭炮。天亮后，陈妹知道无情郎迎娶了别人，气愤不过，也提着篮子，闯进吴家坐着不走。这种情况下，吴家唯恐事情闹大，只好请来双方房族头人进行协商。调解后，送陈妹回家，并点放鞭炮，洗礼护面，退还原来信物（手镯）后，赔礼道歉了事。回了家的陈妹就

① 杨ZP口述。

只能等待另嫁他人了。[①]

以上三个案例，阳烂侗寨的受访人将之称为抢婚。这与民族学、人类学传统研究范畴中的抢婚不尽相同。后者主要指“‘掠夺婚’，是古代氏族部落外婚时强制婚姻形式的遗风。在现代婚礼中还保留着某些仪式，可以窥视其残余”[②]。阳烂侗族抢婚更类似于偷婚，虽然有学者认为偷婚也是抢婚的一种表现形式，[③] 但两者之间实际上有本质的区别。抢婚在于抢，是明目张胆地劫，可以不被女方所允许；而偷婚通常都早已达成了某种程度上的默契，更多体现的是两情相悦不能共结连理时采取的激进办法。阳烂抢婚现象出现的原因是受行歌坐月习俗的影响，预备缔结婚姻的男女双方并不是一对一的条件下才进行的。而侗族传统社会中，婚姻牵涉到的只是两性之间完全数量对等的形式，对于侗族老百姓家庭并不存在一夫多妻或者一妻多夫的现象，因而才出了抢婚这一事实的存在。抢婚形式的存在突出地反映了阳烂侗族文化认同中的自由恋爱观念和自主婚姻制度。

（三）不落夫家居住模式

除以上之外，阳烂的婚恋制度还突出地反映在他们对待离婚的态度上。阳烂侗寨的离婚现象并不少见，而且也为族人所认可和接受，离婚后的男女双方不受歧视。调查数据显示，阳烂侗寨目前有离婚史的户主 23 人，其中 4 人有过两次离婚经历；同时，曾经离婚后改嫁到阳烂侗寨的妇女有 17 人，其中 2 人有过两次离婚经历。造成这样的高离婚率主要是受行歌坐月和不落夫家居住模式的影响所致。

“新媳妇过门，不闹新房，不得同居。三天婚礼过后，就送回娘家了。第二年春天播种栽秧时，才去请媳妇来扯秧，如果新媳妇春天来栽秧了，秋天再来剪禾，春节才来纺纱。要是春插、剪

① 龙 JY 口述。

② 周光大主编：《现代民族学》（上卷第二册），云南人民出版社，2009 年，第 686 页。

③ 同上，第 687 页。

禾、纺纱都请不来，就要延到下年春天再请，请三请四，新媳妇才到婆家去过夫妻生活，住上一宿三宿又转回娘家，家婆让左邻右舍的大娘小婶送去几只鸭，几斤酒和一些酸草鱼作礼物，叫送‘插秧酒’。到秋收剪禾，又派人去请，媳妇来住上两三晚，又送去‘剪禾酒’。这以后虽然要请，但不像开头那么难了，不请不来，请了就来，同样住上几宿又转回娘家，但‘插秧酒’和‘剪禾酒’，可以送也可以不送了，只要有一包糯米饭和一块酸鸭肉就行了。新媳妇除扯秧、剪禾等农忙季节来到夫家外，春节也来纺纱，不管哪次来，新媳妇的穿戴都要像初嫁时那样从头到脚全身新，即‘侗家媳妇三年新’。”[①] 用学术专业用语来说，这正是侗家的不落夫家习俗。据统计，在抽样调查的124户通过行歌坐月而成婚的家庭中，不落夫家5年以上的有4户，占总数的3.23%；3到5年的有77户，占总数的62.10%；3年以下的有43户，占总数的34.68%。并且，3年以下的这43户中，有25户是20世纪90年代后才成婚的，占总数的20.16%，他们通过领取结婚证后便开始从夫居了。

不落夫家这一过程是从婚姻仪礼完毕之后到婚育儿出生之前的这一阶段。这一阶段可长可短，时间完全取决于婚育儿出生的先后，一旦婚育儿出生了，才预示着一个完整而稳定新家庭的最终形成。自此之后，家庭中的夫妻双方也才不若先前那么热衷于参加行歌坐月，而是收心开始好好经营自我的小家庭了。否则，三年上五年下，农忙季节及逢年过节时候，男方家庭才派人去接媳妇回家居住三五夜，如此反复，非得到了媳妇怀孕才可以落住夫家。而在媳妇不在身边的情形下，新婚后的小伙子们也总是耐不住同村伙伴的邀请，去参加各种各样的社交活动和行歌坐月，于是也就出现了行歌坐月时，一开头就要唱或问对歌者是否已有情人或已婚配的激将问题。小伙子们为了气氛的和谐，总是真真

---

① 参见罗康隆：《“桃源”深处一侗家（侗族）》，云南人民出版社，2003年，第40～41页。

假假、假假真真地机智回答姑娘们的问题。而婚后未生育的继续落住娘家的年轻媳妇们也总是被同村的姑娘邀请去她们家捧场行歌坐月活动，这时年轻的媳妇们也并不避讳或忸怩不安于自我的撒谎，相反而是显得理所当然并比未婚的真正姑娘们更大胆而挑逗。

不落夫家期间，新娘如果有了其他的相好，打算彻底抛弃丈夫，就得选择离婚。离婚的手续很简单，只需在被接回丈夫家小住的时候，于返回娘家时将结婚留下的那套侗嫁衣和手帕全部带回娘家，并告知婆婆以后不要再派人来接了即可。直到这时，婆婆也才发觉新媳妇不能安心过日子了，要离婚了。婆婆也会劝阻，但一般都不会采取强制手段阻碍媳妇的去留。如果男方家仍然舍不得新媳妇，在媳妇回娘家之后，可以继续派人去接，并通过做媳妇家长及亲戚的工作，达成和解的目的。只要媳妇之后还愿意被接回男方家，就表示双方还有复合的机会，如果媳妇坚持不愿意到男方家去，僵持不下之际，男方也只能放手，答应双方婚姻关系的破灭。由于举办婚礼时，女方家的陪嫁品都已在回门时送回了娘家，双方会较少地牵涉经济纠纷。不过出于道德，一般提出离婚的一方会主动给予另一方一些烟、酒、肉、钱等作为赔偿。男方再婚时，不会再办任何场面大的婚宴，因为第一次结婚已经办过了，只需把新娘接回家点放鞭炮即可。

第四章　行歌坐月目的：择偶与精神需求的兼得

行歌坐月作为一种习俗，可以被理解成一种手段，阳烂侗族在运用这一手段进行调节和规范生活的同时，达到了某些目的。从目的的直接性特点出发，结合行歌坐月的主体也即适婚的青年们和已婚的参与者，体现在他们身上最直观的诉求就是，未婚的人群希望借此方式达到择偶的目的，已婚的人群抛开其寻找外遇的侥幸心理，更期望的是满足精神的追求，是他们习惯性选择的一种娱乐方式。更从侧面展现了一个事实：对于阳烂侗族来说，决裂似的反结构和反常规的性行为是不存在的，循序渐进的方式才是他们生活情境中最自然的反应，温和性民族文化的特点亦正体现于此。

一、适婚青年的择偶目的

从前文有关行歌坐月的范围论述中可见，阳烂侗族对其最直接的认定就是寻找恋爱对象。在阳烂侗族这样一个传统的农耕社会里，恋爱的目的直接屈从的却是婚姻。因此，对于适婚的青年主体来说，行歌坐月的重要目的之一也就是为了择偶，它为择偶目的的实现提供了至为重要的途径和方式。

关于择偶，不同的学者选择了不同的研究角度。吉国秀在其《婚姻仪礼变迁与社会网络重建》一书中，立足于J. 罗斯·艾什尔曼的《家庭导论》、李银河的《中国人的性爱与婚姻》、孙淑敏的《西方学者关于择偶的几种理论》以及布迪厄的《实践感》，系统阐述了择偶理论涵括的范畴。她指出："一般而言，个体与社会的框架是择偶理论解释的两个出发点。从个体出发进行解释的有父母偶像理论、互补需要理论等；从社会出发进行解释的有角色一致理论、价值内比化理论和资源交换理论等。尽管出发点不同，但是这些理论具有一个共同点，就是突出、放大了单一因素在择偶过程中的重要作用。而择偶过滤理论、关系发展理论、阶段序列理论与择偶策略理论，则强调择偶行为的复杂性，将其作为一个动态的发展过程，综合运用相关因素进行分析。"① 从以上表述中不难看出，无论研究的视角如何变化，亦难免会存在缺陷，宏大宽泛的理论建构也总是不能满足人类文化的多样性解释需求，但无论如何乏力，具体地分析某一田野点，将其进行条理化解剖，也许能够为终极理论的追求增加更多的内涵。

以阳烂侗族为例，这里的人群抛开包办婚姻、青梅竹马之外，择偶最重视的条件还是当事者双方本身的长相、性格、脾气、技能、聪明才智等。在本书设定的行歌坐月场景里，青年男女最看重的资本还是通过对歌的方式所展现出来的才能。由于对歌采取最多的方式是一问一答，因此，只要双方有了起初的好感，想要更深一步地了解彼此，都会变着法儿打听对方的底细，于是，歌中对婚姻状况及以后生活的想象也就显得恰当而盛行了，用现代的话语说，这其实就是侗族的调情。尽管被问的一方为了游戏的继续进行，回答的答案多是没有其他心上人之类的语言，但并不表明侗族是一个滥交或不纯情的民族。前文早已表述了这样的事

---

① 参见吉国秀：《婚姻仪礼变迁与社会网络重建》，中国社会科学出版社，2005年，第99～104页。

实存在，一方面参与行歌坐月的所有人都明白对方可能回答的并非事实，传统的伦理道德也默许了在这样的场景之下，当事者可以说谎，毫无疑问，所有的人都明白这样的潜规则，然而，当事者们还是执着于这样的一问一答。

对未婚群体来说，阳烂侗族男女双方通过行歌坐月确定恋爱关系之后，并不代表行歌坐月活动就在已经确定恋爱对象的男女双方中终结了。即使是已经有了恋爱对象的青年小伙子同样可以行歌坐月，女青年们也不拒绝已经有了对象的青年小伙子们来家玩耍。已经和别人交换了信物的女青年同样可以接受其他青年小伙子们的示好。整个阳烂侗族传统社会，对恋爱行为采取的态度是散漫自由的，但婚姻制度却严格规定一夫一妻制。为了不激化恋爱散漫自由导致的脚踩几只船情况与婚姻严肃性之间的矛盾，也就形成了例行公事般的行歌坐月中必然会出现的试探性对词，采用象征或者隐喻的说唱去询问该习俗活动中的当事人是否单身。面对来行歌坐月小伙子叩门的歌声，姑娘们总是习惯性地开唱反问："门外哥！我家柴火没几多，你要烧火回家去，老婆儿女在等着。"小伙子无论是否有妻有儿女，如果他铁定了心想要进入这家行歌坐月的话，总是竭尽全力地表明自己的单身："坛里有鱼谁还愿去河里捞虾公，家里如有舅公哪还来这里陪妹坐，妹家柴火成堆多，何必小气冷阿哥！"姑娘们还会矜持地表示："有点柴火不经烧，爸爸年老弟年少，我将去睡埋了火，劝哥另找火塘坐。"面对这样带点拒绝韵味的回唱，小伙子们总是厚着脸皮继续追问："山下干柴码成垛，阿哥帮挑来放楼脚，妹说埋火去睡觉，不知偏偏等哪个。"小伙子们唱完这样的话，会故意在门外和同伴大声说："她们已有情人，在相等，哪有我们的份了！走，我们回去。"小伙子们故意说这样的话，并不表示他们就真的要回去了，事实上行歌坐月选择的对象，都是小伙子们早就商量好了的，如果没有非常特别的原因，是很难让小伙子们打道回府的。小伙子们在这样的场景下，说这样的话，另一方面还带有点激将的味道。同时，小伙子们在行歌坐月时也害怕会遇见已经有了对象的姑娘，他们会尽力地去试探姑娘们是否已有对象。不管屋里的姑娘是否已有恋人，只要她们此刻愿意打开门迎接小伙子行歌坐月，也都会嘻嘻地笑着说："真是走了吗？好小量啊！"小伙子们听见这样的话，就会埋伏在门外，趁门闩被拔掉之时，挤进屋门。进屋了之后，小伙子们还不忘继续试探："买客（别人的爱人），我们坐久了不怕早孝（你爱人）见怪吧？"姑娘们也总会向推门进来的小伙子们回答："早教（我的爱人）在楼底圈里，头上长了一对角，后面甩着扫帚，哪像你们这般风光。"小伙子们还不会轻易相信，继续说："哪里有单身的妹子，帮架渡过桥，牵根红线吧！"姑娘们会冷冷地回答："不要锦鸡戏我蓬中鸟，讲多了你会耳红的。"意思是快露破绽了，小伙子们不好再说反话，只好一转腔调表示："情妹，不能寻你一世，帮给一瓢水喝也甜一世。"

以上事实存在，显得极为矛盾，一面不纠结事实的真相，一面又要如履行公事般去询问婚恋状况，他们这样的行为和处世态度，说明了什么呢？也许对于最为开放和率性的民族来说，也都还是有其恋爱道德的规范，这也可以看成是人类文明的标志之一。传统社会中，恋爱的目的直指择偶，而择偶的另一端牵着的却是婚姻，婚姻至少又与性关系的合法性及界定家庭中男女两性财产权的经济制度紧密相连。因此，包括侗族在内的人类群体对于可能导致社会秩序紊乱（尤其表现在性和家庭财产继承关系失调方面）的类似行歌坐月这样自由散漫的恋爱习俗，总是采取一定的措施进行约束，哪怕这些约束法则只是形式上的表面遵从，也多少给予传统社会生活中的个体一些符合其生存法则的心理暗示和安慰。联系到行歌坐月导致的恋爱对象多元化与配偶单一对等的一夫一妻制现实来看，阳烂侗族采取上述看似矛盾的询问婚恋状况的例行公事做法，实质上体现的是族群追求最大限度的自由与社会伦理尤其是婚姻道德之间的调和，这也是阳烂侗族的恋爱逻辑。

恋爱道德作为异性之间在婚前恋爱过程中所应遵循的道德规

范，它是社会道德在恋爱问题上的具体体现。[1] 行歌坐月作为一种社会习俗，必然要遵循社会道德规范，具体到阳烂侗族的恋爱问题上，无论他们如何洒脱不介意，都还是需要征得言语上的许可，从心态上来说，这要达到的就是心理暗示上的作用，而这种心理暗示力量的源泉仍然来源于社会逻辑的认可，被世俗所赋予。只有经过了这样的具有通行证意味的认定之后，由行歌坐月所生出的情愫尤其是调情也才不被世俗所挤兑，而为现实生活所接纳。阳烂侗族与婚恋相关的社会规范正是前文所提到的款约制度，它最基本的就是要求“不许谁人，撩妻弄妇”“正当往来”等。要合乎这些要求，首先必须对对方的婚恋状况加以确认，哪怕仅仅只是言语上的确认，否则，就将因为违反社会制度和道德规范而招致惩罚。

正是出于以上生活逻辑对行歌坐月寻找恋爱对象的规范，阳烂侗族自觉到择偶行为上的选择更突出的是其复杂性，是一个动态的发展过程，需要综合运用相关因素进行分析。只有通过对外在的行为表象进行抽丝剥茧般的深入考究，才能正确地解释任何行动，挖掘其潜在的实际意义。

二、婚姻之外的精神需求

显然，对于已婚群体来说，择偶目的在行歌坐月中已经变得相对次要了。除了择偶目的之外，对阳烂侗族来说，行歌坐月还是已婚群体的重要娱乐方式。

人类学功能主义的提倡者马凌诺夫斯基认为，任何文化的理论都要以人类的生理器官的需要为开端。在他看来，人是动物的

---

① 参见高发元主编：《中国西南少数民族道德研究》，云南民族出版社，1990 年，第 1 页。

一种，因此，人要解决的第一个任务就是满足生物上的需要，他列出七种基本需要：吃喝、繁衍、身体舒适、安全、运动、成长、健康。为了满足这些基本需要，人要生产食物、缝制衣服、建造栖身之处、建立家庭以及教养和卫生条件等。因为，个人是以文化而非自然的方法来满足这些需要的。于是，人就为自己创造了一个新的、派生的环境，这个环境就是文化。当然文化中还包括宗教、艺术等。而这派生的环境正是人与其他动物的主要区别。这样，在马凌诺夫斯基的理论中，人有两种需要：基本需要和派生的需要，前者指人的生物需要；后者是派生的环境即文化的需要，它要满足的是人类扩大其安全与舒适所做的各种努力。[①]

在高发元教授主编的《20 世纪中国民族家庭实录》丛书中，罗康隆记录了阳烂侗族传统社会中一个家庭的情形：

> 杨校生[②]丢下妻子和儿子，乘着夜色，手拿电筒，与同村寨的青年到团寨行歌坐月。有一位姑娘对杨校生有了意思，并问杨校生的住处和姓名。这时，杨校生想到了他的妻子和孩子，若说了实话，恐怕不好收场，心里有点为难，但又不愿放弃这种富有情调的浪漫生活，于是他来了个急转弯，编造说："我家住在阳烂的尾寨（实际住头寨），名字叫杨绍业。"
>
> 次日，多情的姑娘根据杨校生所说，来到阳烂尾寨找杨校生，逢人便问："你们寨中的杨绍业是哪家？"得到的回答是："我们寨子根本没有这个人。"姑娘经过几番询问，确实没有找到杨绍业，只好心灰意冷地回家了。
>
> 晚上，杨校生又去团寨行歌坐月，依旧来到那位姑娘家。姑娘见到杨校生便生气地说："你是个骗子，今日害得我好苦，我这么远去找你，阿公阿婆都说根本没有杨绍业这个

---

① 参见夏建中：《文化人类学理论学派——文化研究的历史》，中国人民大学出版社，1997 年，第 131～132 页。

② 杨校生，男，1933 年出生，识字，能说会道，被阳烂侗族长辈视为民族艺术家。2007 年去世，享年 74 岁。

人。”杨校生虽然心中有鬼，但为了取悦于姑娘，博得姑娘的欢心，仍狡辩说：“是你听错了，我说我叫杨少烈，你去找杨绍业，当然就找不到啰。”天真多情的姑娘再次信以为真，又度过了一个温馨的夜晚。

第二天，姑娘又携伴前往阳烂寨找杨少烈，结果可想而知，姑娘仍然没找到杨校生。

一天，杨校生的妻子去团寨做客，村里的姑娘纷纷说：“哎，你的丈夫每晚都到我们团寨行歌坐月。”杨校生的妻子也不生气地说：“难怪他每天晚上半夜才回家”，并一笑了之。

杨校生30岁时有了第二个孩子后，家里的事务多了，年纪也大了，加上附近的姑娘都清楚他的底细，他也就不再去行歌坐月了。①

调查中，笔者的一个重要受访人杨ZP老师也讲述了当年婚后，继续行歌坐月的场景：

我生平两大爱好：玩妹仔和打篮球。我1969年开始在坪坦乡完小当老师，结婚后也不常回阳烂家里。那个时候好玩又年轻，很讨女孩子喜欢，我们几个年龄相当的人常常约了在学校附近的村子里行歌坐月。当时，你奶奶（即杨ZP的妻子，笔者称奶奶）也知道，我认识了好几个女孩子，她们都很喜欢我，总说要嫁给我。我家里有老婆了，怎么可能和她们结婚，当时只是好玩，就和她们接触。而且我和你奶奶感情也好，你奶奶最大的优点就是人特别善良而且大度，我玩归玩，但是从来不做对不起你奶奶的事情。

以上案例显示了行歌坐月择偶之外的其他目的，正如杨校生背着妻儿行歌坐月时的心里所想“若说了实话，恐怕不好收场，心里有点为难，但又不愿放弃这种富有情调的浪漫生活”一样，他选择了急转弯瞒骗的方式，暂时取得了两全齐美的平衡。而杨

① 参见罗康隆：《“桃源”深处一侗家（侗族）》，云南人民出版社，2003年，第40～43页。

ZP老师在婚后明目张胆地继续行歌坐月玩妹仔，居然也是被妻子知晓的，并且还能维持家庭的和睦和稳定，不得不引人深思。难道在家中的妻子就没有一丝嫉妒和吃醋吗？后来，笔者询问过奶奶（杨ZP妻子）的想法，她说："大家都一样，结婚了都可以继续出去玩，行歌坐月也好，其他什么的也都可以，只要心里有这个家就好，反正杨老师他的钱都交回家，他是好玩，但是不会变的。"从以上对话中可以看出，有一个字是常出现的，即玩。玩可以看成一种娱乐性行为，而区别于未婚青年群体行歌坐月的择偶为主导的目标，主要是已婚群体为丰富婚姻外生活采取的扩大性交往方式，从而放到整个族群生活习惯来看，突出地表现了阳烂侗族追求婚姻之外的精神满足，属于马凌诺夫斯基划分的"派生的需要"，是阳烂侗族为了"满足其舒适所做的努力"。

第五章　行歌坐月功能：侗族传统社会网络的建构

前文论述了行歌坐月的两大目的，区别于目的的直接性，有必要进一步阐述行歌坐月的功能。社会学、人类学功能主义视角强调这样一种模式，即社会的每一个部分都对总体发生作用，由此维持了社会稳定。根据这种观点，社会非常像人类的肌体或任何活的有机体。像身体的各个部分（比如四肢、心脏、大脑）一样，社会的构成部分（比如家庭、商业机构、政府）以系统的方式结合在一起，对整体发挥着好的作用。每一部分也帮助维持着平衡状态，这也是系统平稳运转所必需的。功能主义（有时也称结构功能主义）可以溯源到早期社会学理论家如奥古斯特·孔德、赫伯特·斯宾塞、埃米尔·迪尔凯姆的著作。既作为文化人类学也作为社会学的重要理论视角，功能主义特别适用于研究稳定的、小规模的社会。它有助于我们去理解，在这样的社区中，人们怎样形成了有秩序的生活，表现出了强大的合作精神和高度的团结性。[①] 行歌坐月对于阳烂侗寨这样一个相对稳定的“小社会”来说，由于其习俗活动的特殊性，毫无疑问具有重要的功能性价值，尤其表现在建构传统社会网络方面的作用。

---

① 参见［美］戴维·波普诺著，李强等译：《社会学》（第十版），中国人民大学出版社，1999年，第18页。

一、阳烂侗族传统社会网络

阳烂侗族传统社会网络主要包括以血缘、地缘、业缘、情缘为基础形成和扩散的社会结构。功能主义学派代表人物拉德克利夫－布朗指出："社会结构是由相互联系的个人的配置组成。"[①] 阳烂侗族传统社会网络要指代的正是传统社会时代，人在各种不同行为及场景中的不断配置组合。

阳烂侗族传统社会以血缘和地缘为基础建构起来的社会关系网络，主要包括家庭、家族、姻亲、邻里和款组织等初级社会群体。

"家庭是社会的细胞，是人们社会生活的基本单元，是个体一生所处时间最长的初级社会群体。……侗族家庭是一种以婚姻关系为基础、血缘关系（包括极少量的收继关系）为纽带而结成的共同生活的社会基本单位，是最典型的初级群体。"[②] 家族在前文中已经提到了三个层次，即小房族、大房族、姓。虽然姓看起来并不具有直接的血缘关系，但从阳烂侗族内心深处来说，一旦遭遇到另外的姓氏，他们就会认为龙、杨两姓的亲缘关系要近于其他姓氏，因为村落形成的历史早就有了"这是我兄弟，你不能打我兄弟"的文化认同。姻亲关系主要是指基于婚姻缔结而产生的亲属关系网络。邻里则主要借鉴廖君湘的观点，他认为邻里是地缘型和血缘型结合的初级社会群体，以居住处所为基础，以紧密相连的地域空间关系为纽带，结合成相互交往、相互帮助的初级社会群体，称之为邻里群体。人类社会中最初出现的是同姓聚居

---

① ［英］拉德克利夫－布朗著，夏建中译：《社会人类学方法》，华夏出版社，2002年，第159页。

② 参见廖君湘：《侗族传统社会过程与社会生活》，民族出版社，2005年，第67页。

的邻里，同一血缘家族的人居住在一起，地缘和血缘关系重合。随着社会的发展特别是商品经济的推动导致人口流动和迁徙的频繁，杂姓邻里或者说是纯地缘关系的邻里类型占主流地位。[①]

侗族的款组织与文献记载的门款具有同样的意义。所谓门款即合款，也可称之起款或联团，侗语记为 abs kuant、habs kuant、gabs kuant。其中 kuant 被记录者按照译音记为汉字款，是汉字记侗话的近音。abs kuant、habs kuant、gabs kuant 的实际意义还可延伸到村寨内部自治订立款约、村寨之间联合订立款约、宣讲款词和执行款规款约等四层含义。由于 abs、habs 在汉语中没有对应的音，汉文记录便取其意译为合字。因宋朝人只见到"百人合款"的现象，而并不了解合款就是侗族社会组织的实质，故称之为门（盟）款。实际上，侗族的社会组织是由村寨之间盟誓合款而成的。所以用合款来命名侗族的社会组织是恰如其分的。[②] 合款组织有小、中、大和联合大款四个层次，它们共同构成了侗族传统社会最主要的结构。对于款组织在侗族社会中的重要性，有学者专文指出："款组织是以血缘为基础、以地缘为纽带的村与村、寨与寨的联盟组织。侗族由以血缘为基础的'斗'组成村寨，以一个大村寨或数个小村寨组成小款，环地百里，称'洞'或'坪'；以数'洞'或数'坪'组成大款，环在数百里；以数个大款组成特大款，即整个民族的联合。这就是款组织的结构体系……款有款首，由年长和阅历广、德高望重的人担任，其职责是根据款规款约来处理款内事务。款组织的原始形态，是村寨与村寨或氏族与氏族之间的婚姻联结，后来逐步发展成村寨与村寨、部落与部落之间的政治和军事联盟。于是侗族社会便开始进入到以款为核心的社会组织结构。"[③] "侗款制度是侗族传统社会最重要也是最主要的社会制度。在侗族历史上持续时间最长，今天还在南部侗区继

---

① 参见廖君湘：《侗族传统社会过程与社会生活》，民族出版社，2005 年，第 71 页。

② 同上，第 142 页。

③ 参见吴宗源主编：《侗族文化简明读本》，中国戏剧出版社，2008 年，第 92 页。

续发挥其整合社会秩序的部分功能和作用，‘老人协会’‘乡规民约’是其与现代社会生活调适后的表现形式，（侗款制度）社会控制功能配置最齐全，影响的社会层面最广泛，功能效果也最突出。侗款制度是侗族传统社会最基本的社会制度，它制约和规范了侗区的其他社会制度，南部侗族传统社会就是侗款政治社会。”① 阳烂侗寨正好属于南部侗族传统文化的腹心区域，这里的款组织及其制度十分严密。直到今天还流传着许多款，有款坪款、约法款、出征款、英雄款、族源款、创世款、习俗款、祝赞款、祭祀款等数十种，其内容涉及侗族生产生活的方方面面。这些款构成了侗族传统社会的礼俗世界，塑造了侗族传统社会的温和文化属性。②

业缘关系网络虽然看起来在阳烂侗族传统社会中并不甚明显，但总还是存在的。侗族有很多能工巧匠和手工艺人，他们或者各成群体，有自己的组织结构和规则，等待侗民们主动找上门来寻求帮助，具体到阳烂侗族这样的群体组织几乎没有；或者直接与普通侗民们产生联系，以个体的形式接受侗民的邀请，为他们提供生活之便。前文提到的破姓开亲中，那位货郎张老三便是因业缘形成的社会网络，还有笔者亲身经历的芦笙师傅在阳烂做芦笙、龙医生在家等待姑娘上门打制银饰、青年男女参与的歌班等行为都属于此类。当然，只是处于以自然经济为基础的传统社会中，侗族的社会分工并不明显，绝大部分的侗民仍然是以农业为安身立命的根本，而其他的技艺仅仅只是他们农垦闲暇时光里充实生活及补贴家用的辅助手段。

目前学界并没有关于情缘一词的提法，笔者用这个词语主要在于表达基于友情等感情而建立起来的朋友圈子。这是阳烂侗族另一个重要的社会关系网络，它同行歌坐月具有几乎一样的建构场域。甚至，行歌坐月就是一条至为重要的建立情缘关系网络的

① 廖君湘：《南部侗族传统文化特点研究》，民族出版社，2007 年，第 141 页。

② 参见舒丽丽：《现代化进程中侗族地区乡村治理模式的文化机制探究——以湖南省通道侗族自治县为例》，载《思想战线》2010 年第 3 期。

渠道。从行歌坐月的两大目的——择偶与精神需求来看，如果前者建立的是姻亲关系网络的话，后者则是建立能满足精神需求的情缘关系网络。

以上四大缘共同构成了阳烂侗族传统社会网络。如果从“小世界研究项目”理论[①]出发，位于这四大缘结构中的个体及一定群体可以同时被笼罩在几个甚至全部的人际关系网络之下，形成看似松散却整合性和凝聚能力极强的千丝万缕的社会关系链条，众多的链条最终形成复杂的网络结构，从而共同塑造了阳烂侗族小社会整合的社会有机体。

二、行歌坐月与侗族传统社会交往

阳烂侗族行歌坐月习俗对建构其传统社会网络中的情缘关系模式具有特殊的意义。行歌坐月通过构建情缘社会网络模式，强化侗族传统社会的人际交往，增强社会整合能力，尤其对青少年群体的社会化过程起到良好的促进作用，推动侗族整体社会网络的更新与资源重新组合，并最终有益于侗族小社会的正常运转。

（一）行歌坐月建构侗族传统社会的初级群体

行歌坐月形成的初级社会群体、情缘社会网络模式如果用强弱关系来衡量的话，鉴于其对青年群体来说，是他们首次离开家庭的庇佑，离开血缘关系的自然性而建构起来的渗入了较多主观自觉性的社会群体，因而可以划归入强关系网络范畴。被卷入到行歌坐月习俗生活中的青年男女，常常投入除工作之外的几乎全

① 美国心理学家米尔格伦基于“小世界研究项目”，提出“六度分离”理论。他认为，任意两个陌生人都可以通过“亲友的亲友”建立联系，处于两人中间的亲友数量大约是5个。参见廖君湘：《侗族传统社会过程与社会生活》，民族出版社，2005年，第2页。

部闲暇时间和感情，频繁地交往，用他们自己的话解释就是好玩，正因之有了这样的认同，让充满活力的青年们总是流连忘返于姑娘的火塘，甚至老年人对过往年轻岁月的无限回忆中也多是描述行歌坐月的自由与快活。而在诸多的描述中，不可缺少的更是诉说者对行歌坐月的革命战友和对象们的无限追忆，表达他们当初是怎样的团结合作圆满地完成了一次又一次的行歌坐月活动。言语之间，不乏浓厚的情感流露。在行歌坐月这样的习俗生活中，因共同的经历和感情维系而建构起来的初级社会群体是："建立在成员间互相友好、信任基础之上的社会群体，通常归于友谊型初级社会性群体。如童年阶段的游戏群伙、成年以后的朋友圈子等。侗族传统社会之男女，在十四、十五岁之后就可以开始进行男女社交和自由恋爱活动。自由恋爱是侗族青年缔结婚姻的主要途径，史书称为'男女老少婚姻或自相悦慕，或答歌意合而成'。男女相恋较少掺杂财富、门第等社会因素。而看重个体的品德修养、歌才和社会常识等自身素质。唱歌、对歌贯穿于整个恋爱活动的始终，'歌'既是恋爱活动的媒介，也是个人素质、相互情感表现的载体。无论是初相会、初相识、订立约会，还是借'把凭（信物）'，加深了解、初步定情，乃至谈婚论嫁，处处离不开唱歌、对歌。此外，侗族地区盛行的自由交友、恋爱习俗中，最别具风格的是首先要经历一个集体恋爱的阶段，然后才进入成双成对的个别恋爱，再定终身。这种恋爱风习南北皆然，方式多姿多彩。参与集体恋爱的成员，就构成我们所指称的'恋爱同伴'这种友谊型的初级社会群体。……'伴友恋爱'在侗族青年中被视为是理所当然的不可推卸的责任，同时又是一种互助的行为，一般来说相互为伴的一伙男友或一伙女友自由组合的'恋爱同伴'群体，要等到成员都结婚以后，才热情渐消，自然解体。"[1] 前文论述内容中，有关于新郎如果接不到原定的新娘，其伴郎就有义务贡献

① 参见廖君湘：《侗族传统社会过程与社会生活》，民族出版社，2005 年，第 75～76 页。

出自己的女友充当新娘以救急的习俗，也是对友谊型初级社会群体作用的反映，因为新郎在选择伴郎的问题上，除了首先考虑血亲兄弟之外，另外的选择就是从通过行歌坐月活动建立起来的友谊型初级社会群体中挑选合适的男性充当。这样的男性在年龄、感情、身份等因素上与新郎更为相似，他们如果有可以救急的女友，显然也能够与娶亲落空的新郎看起来更为匹配。

行歌坐月形成的友谊型初级群体，是情缘社会网络的代表，它“以感情相投、互相依赖的个人感情基础为连接点，彼此有共同一致的情感目标，主要是寻找异性感情伴侣；成员年龄相当，没有辈分一类的社会因素约束，彼此关系融洽，具有相似的青春期的心理诉求；互相之间容易得到理解、沟通，成员间感情也更显得清纯单一；群体成员多来自同一村寨或同一宗族，进行社交活动时的言行举止、风度气质往往与所属村寨家族的集体荣誉相连，因此群体的自我约束力、凝聚力较强；群体一般由儿童时的玩伴发展而来，虽然因转入个体恋爱阶段而导致群体形式解体，但感情的联系一直可持续到成年时期；恋爱同伴群体的社会功能主要体现在情感交流，互相学习、模仿、促进、提高，深化个体社会化程度诸方面”[①]。笔者在一定程度上赞同上述说法，但是却还认为行歌坐月建构起来的初级社会群体不仅仅只是同性之间，在男女两性之间也是存在的。调查的时候，常常听受访人说，谁和谁曾经行歌坐月，后来虽然没有结成婚，但是关系很好，最后因为双方知根知底还结成了儿女亲家。从这样的事实出发，前文描述的“（友谊型初级社会群体的）群体成员多来自同一村寨或同一宗族”显然范围狭窄了许多，因为这样的说法没有将男女两性涵括进去，能行歌坐月的男女两性虽然可能来自同一村寨，但必然不能来自同一宗族，这受行歌坐月允许的半径和范围的限制影响。

① 参见廖君湘：《侗族传统社会过程与社会生活》，民族出版社，2005 年，第 77～78 页。

（二）行歌坐月影响族际交往

作为一种婚恋习俗的行歌坐月，因为其在婚姻资源配置方面与周边其他民族存在差异性，进而影响了该习俗文化持有者之间的族际关系和交往。具体到历史上的阳烂及其周边区域，指代的是侗族与苗族之间的互动关系。阳烂周边以前并非只有侗族这一族群繁衍生息，还有苗族这一族群世代与他们保持着紧密的联系，但是后来由于行歌坐月与婚嫁问题未能达成共识，双方发生了激烈的斗争，最终侗族将苗族驱赶出这块宝地。杨 ZP 老师讲述了这样一个故事：

> 阳烂村正北方两里处有一座小山坡名叫“牙步算”。“苗寨在山上”，早在清乾隆年间这座山坡上就居住着十几户苗人。当时苗家人和居住在河边的侗家人相处和睦，逢年过节你来我往，侗寨举办的一些文化活动和公益事业，也经常邀请苗家人参加。
>
> 苗家人勤劳朴实，他们田地不多，但善于喂猪，经常用肥猪跟侗家人交换粮食，生活过得也十分充裕，侗家人十分羡慕。侗家人一年每户能喂一两头肥猪就算不错的了，但那苗家每年却可喂出五六头两百多斤的肥猪，这事让侗家人百思不得其解。后来侗家人发现苗寨中有一个青石制成的猪槽，这个猪槽可供三头猪同时吃食，每头猪一天可长五斤，人们称之为“神猪槽”。他们喂猪全靠这个猪槽，十几户人家轮流使用。苗家人把这个石猪槽当作传家之宝。
>
> 当时侗家人口较多，哆耶、哆嘎、吹芦笙和行歌坐月等文化生活十分丰富。苗家也有行歌坐月的风俗习惯，因此苗家青年们经常到侗寨来。当地的侗家人并不禁止女子外嫁，因此苗家青年到侗寨来行歌坐月，侗家人毫不介意。但侗家青年到苗寨去，苗家人却总是拒绝不准进寨，说是苗家女子不能嫁给外族。日子一长，侗家青年心里不平，个别青年上到牙步算与苗家评理。但因侗苗风俗习惯有异，双方互不相

让，还因此争吵，被苗家人打伤赶下山来。侗家人非常生气，便招集民众冲上牙步算进行报复，扬言要将苗家人赶走。苗家人少，怕斗不过侗家人，匆匆把石猪槽埋入地下，收拾东西连夜逃离牙步算，到广西三江县林溪乡一处名叫牙己的地方安家落户。当时苗家人逃离时，侗家人并没发现他们带走这个笨重的石猪槽，便四处寻找，却一直没有找到。从此，这个神猪槽的秘密在阳烂侗寨中代代相传，人人都想解开这个几百年流传下来的谜。直到今天，牙己苗家的后人依然记得前辈们流传下来的话，说是阳烂河边古楼下面的二十四级青石码台，当年他们苗家人也参与了修建，也有他们苗家人的一份。

苗家人逃离后，为不让侗家人占了他们苗寨的风水，派了几个壮汉偷偷返回牙步算，在山梁上挖开一条两米多深的大坑，断了牙步算的龙脉。从此牙步算再也没有人居住。如今人们路过山脚，往山上一望还能清楚地看到山梁上的那一条深坑。

牙步算神猪槽的故事不但见证了那段逝去岁月中侗家人与苗家人之间的恩恩怨怨，而且通过传说故事的形式向今天的人们传达了当时民族社会关系的历史记忆。

对民族社会关系的研究一直备受学术界的关注与重视。民族社会关系是具有特定内涵的特殊的社会关系，它不但具有社会性，而且是具有民族性的社会关系。[①] 民族社会关系简称民族关系，费孝通先生认为，民族关系主要是就一个民族与他民族的接触和影响而言。[②] 民族关系不是指一个民族内部的各种社会关系，而是指不同民族之间的社会关系，主要体现的是民族间互动的一个过程。

---

① 参见张跃、舒丽丽：《文化自觉与文化认同——怒江峡谷丙中洛地区民族宗教文化关系的变迁》，载《西南边疆民族研究》2007 年第 5 期。

② 参见费孝通主编：《中华民族多元一体格局》，中央民族大学出版社，1999 年，代序第 12 页。

美国学者派克在20世纪20年代就提出族群之间互动过程的四个阶段：相遇（Contact）、竞争（Competition）、适应（Accommodation）、同化（Assimilation）。[①] 这四阶段是基于对美国城市族群关系的研究而得出的。美国学者戈登在《美国人生活中的同化》（*Assimilation in American Life*）一书中重点讨论了美国族群关系的社会目标的历史演变阶段和每个阶段的特点。他认为，美国自殖民地时期到建国之后的三百多年历史中，作为政府和社会上占主导地位的意识形态对于处理族群关系社会目标的演变，其历史发展过程可以大致分为三个阶段：盎格鲁—撒克逊化（Anglo－conformity）、熔炉（Melting－pot）、文化多元主义（cultural pluralism）。[②] 然而，美国的经验是否符合中国的事实，基于美国经验提出的理论在中华民族多元一体格局上具有多大的适用性，都是值得探讨的重大问题。近年来，学术界已建构了民族关系的理论体系，对民族关系基本特征和民族关系的调节方式展开了深入的讨论。[③]

鉴于“民族关系是建立在一定社会经济基础之上，并受社会政治制度制约的民族之间的相互影响、相互制约和相互作用的关系”[④]，阳烂牙步算神猪槽故事透露出来的几组相互关系可以解析如下：

侗、苗两族除行歌坐月活动不能达成循环关系之外，其他活动，如经济活动、文娱活动、生产建设等，均能表现出你来我往、“你中有我、我中有你”的密切关系。而行歌坐月的内隐含义就是要缔结婚姻，侗、苗两族在婚姻关系互动上，侗族采取完全开放的姿态，苗族却采取半开放的姿态。之所以出现这样的差别，苗家人的解释是“风俗习惯有异”。从事实上来看，苗家的“风俗有

---

① 参见马戎编著：《民族社会学——社会学的族群关系研究》，北京大学出版社，2004年，第181页。

② 同上，第181～185页。

③ 参见金炳镐、青觉：《论民族关系理论体系》，载《中南民族学院学报》（哲学社会科学版）2001年第6期。

④ 参见郑杭生主编：《民族社会学概论》，中国人民大学出版社，2005年，第109页。

异”异的是“苗家女不外嫁”但却可以娶进来的文化，苗家允许其他活动都可以达成完全的交换模式，唯独在“女子外嫁”这种稀缺资源的配置上采取消极态度，一方面固然有他们族群生活的文化理性，另一方面却由于不遵守交换法则尤其是侗族文化生活中的交换法则，最终导致了双方关系的破灭。对于侗族来说，“你来我往”、资源共享、互惠交换是他们观念里最根深蒂固的性格，表现在交换准则上正好契合波拉尼的交换思想和模式。波拉尼认为，交换的领域划定了一系列可以被用于彼此交换的项目，超越此项目外的交换是不被允许的……交换中的互惠交换往往在相匹敌的条件之间发生，尽管由于无力完全回报而引起的长期性负债也会产生不平等。① 由于侗族和苗族在交往过程中出现了无法调适的文化差异性，并且还发展成了武力斗争，双方的健康互动无法继续维持下去，最后以一方被驱逐出境收场。牙步算神猪槽的故事结局是民族关系的表现形式之一。从上述故事的过程来看，故事发生的高潮在“双方因文化习惯不同而无法进行对等的行歌坐月和婚姻缔结”，这也是故事流传下来的重要线索。行歌坐月成为引发双方关系破裂的直接导火索，虽然结局是凄凉的，但起码仍然证实行歌坐月影响了侗族社会的外部交往，成为族际交往的重要制约性因素。

（三）行歌坐月扩大侗族社会内部交往

虽然受习俗规则的影响，行歌坐月的范围限制在方便步行到达且可以互通婚姻的邻近村落和家庭之间，但是鉴于其强烈的择偶目的性和娱乐性，还是吸引了大量青年人的踊跃参与，充分调动了他们融入集体生活的积极性。这一习俗活动几乎成为阳烂侗族传统社会过程中，所有适婚的青年们都必须参加的人生洗礼，因为只有通过这条传统允许的途径，他们才能正常地发泄自我的感情。调查结果显示，阳烂村20世纪60年代及其以前出生也就是

---

① 参见［英］罗伯特·莱顿著，蒙养山人译：《他者的眼光——人类学理论入门》，华夏出版社，2005年，第90～92页。

成年在20世纪80年代左右及之前的人，有半数以上参加过行歌坐月或者对该活动有较深刻的印象。以下数据充分显示了通过行歌坐月而缔结婚姻在当时的盛行：

出生年月	20年代	30年代	40年代	50年代	60年代	70年代
行歌坐月缔结婚姻户数	4	19	29	32	35	5
同时代总户数	4	22	40	43	57	13
比　率	100%	86.36%	72.50%	74.42%	61.40%	38.46%

（数据时间最早定在20世纪20年代的原因在于阳烂侗寨尚存年龄最大的人出生于20世纪20年代）

调查资料还显示，以上时期缔结婚姻的一方除阳烂土生土长的人之外，另一方大都来自于从阳烂步行能够到达的平日、高步、高团、坪坦、高秀等村落。这一事实无疑证实了前文对行歌坐月范围的论述。这些村落与阳烂一样，同是典型的侗族村寨，他们在习俗文化生活上几乎完全一致，语言也是相通的，这都为行歌坐月习俗的通行创造了良好的条件。各个村落之间的主要联系在于从侗族青年时代就培养起来的互相走动的关系，这些关系依托于行歌坐月习俗的特殊性，得到了进一步强化。不管文化群体参加行歌坐月的初衷是什么，毫无疑问这一活动无形中增强了侗族传统社会内部人际交往尤其是青年之间交往的频率，青年们也因此构建起自身各处其中的情缘网络，增进了男女两性之间的互动，从而让整个侗族传统社会的凝聚力和整合性得到空前加强，传统社会的性别分歧也并不若其他男女授受不亲的社会显得那么紧张。这也正是整个阳烂侗族传统社会的温和性格体现。

第六章　变迁中的行歌坐月

在人类社会发展的漫长过程中，变迁已经成了一种普遍的规律，它涉及人类社会构成的各个方面，精神、物质、制度等无不受制于变迁规律。即使有某些看似古老不变的内容被留存下来了，“它也常常除了具有其原始的功能外还另有新的功能”[①]，留存下来的古老形式寄托在新的功能中，使得整体业已发生了变化。对于变迁的这样一个常数来说，任何一个民族尤其是其族群文化都是在这一过程中得以不断丰富和发展，“文化变迁是随着时间的推移，在内部因素的作用下，通过文化内部的整合而出现的为人们所认同，有别于过去的文化形态”[②]。对阳烂侗族行歌坐月习俗产生最大影响的因素在于市场经济的牵引，导致其传统社会内部因素的变迁，尤其体现在传统生计方式的变革方面，进而引起整个族群文化内部的重新整合，并随之引发了创造新的、有别于传统的行歌坐月新民俗的可能。

---

① 参见［美］阿兰·邓迪斯著，陈建宪等译：《世界民俗学》，上海文艺出版社，1990年，第438页。

② 参见郑晓云：《文化认同与文化变迁》，中国社会科学出版社，1992年，第201页。

一、阳烂侗族生计方式的变迁

受现代化进程的影响，侗族传统社会虽然至今尚未发生质的变化，但事实上已经出现了很多极有可能引起传统规范社会被完全颠覆的量变。传统与现代被视为两种对立起来的概念，然而在未发生具有革命性意义的事件之前，倒不如说传统与现代只是语言表达命题中的两端，其中文化的事实和社会的事实则游离于两端之间的空间，彼此博弈而较量，并呈现出你中有我、我中含你的状态。但是，这种状态也并非一成不变，却正是因为其两可性，更增添了社会性质和结构的复杂性与需要未雨绸缪的前瞻审视。美国著名社会学家戴维·波普诺总结了引起社会变迁的原因[①]，认为引起社会变迁的主要原因可以从非个人的到极为个性化的因素，其中一个极端是属于个别原因的自然灾变，比如一场火山爆发会使良田掩埋在熔岩之下，从而迫使当地居民另谋生路；而另一个极端则是单独个体的执着努力，如甘地为争取结束印度的殖民统治所做出的努力就属于这一类。他还总结了社会学家和人类学家已经注意到要引起社会变迁的七种主要原因：物质环境、人口、技术、非物质文化、文化进程、经济发展和促进变迁的有目的的努力。这一总结符合大多数时候的经验，阳烂侗寨亦不例外。

受世居地生态环境的影响，侗族人民主要从事农业生产，兼营林业和渔业，是传统的稻作农耕民族。通常，渔业又被附加于种植业。这主要是因为侗族传统社会的养鱼除专门的水塘养鱼之外，还有一种最为普遍和重要的渔业方式，即稻田养鱼。侗族传统种植糯稻，在20世纪50年代人民政府大力推行糯改黏之前，它

① 参见［美］戴维·波普诺著，李强等译：《社会学》（第十版），中国人民大学出版社，1999年，第621～624页。

一直是侗乡粮食生产体系中的主导对象，也是侗乡人民钟爱的生命维系物。侗族传统种植的这种糯稻是一种特殊的稻种，虽然产量较之于后来的黏米要低，但是却稻秆很高。这一特点十分适宜蓄水种植，而蓄水则可以兼顾稻田养鱼和养鸭、鹅等家禽。由这样的农业生产方式进而形成了整个侗族传统社会最严密和连续的食物链①，其农产品也曾一度成为促进侗族传统社会网络与人际关系再建构的重要媒介。这正如某些人所认为的那样，“二十世纪五十年代以前就已记事的村民们都还能回忆起当初的禾晾、稻田与养鱼鸭。种植高秆糯稻、深水蓄田、兼养鱼鸭的传统生计方式链条给侗族村民们‘生’的体验就是：什么都具有联系性，对待问题不能单一、简单、割裂化看待。而现实日常生活中，凡逢节庆、红白喜事、祭祀等活动都缺少不了与‘糯’紧密相连食物的登场，一团一团的糯米总是少不了酸鸭、鱼、肉的配合，这些也都有传统文化遗存的意味深藏其中，并交织着传统与现代的变迁与整合，共同谱写出了阳烂侗族文化的生存生命之歌”②。即使之后由于政府的大力推广粘稻种植，糯稻已经濒临绝境，并从侗族人民日常生活饮食的舞台上慢慢淡出，但是在礼物的流动上仍然最生动的还属那一篮一篮贴上红纸的糯米团。③ 阳烂侗族至今仍然喜食糯米，在他们的观念里，糯米吃一碗能饱肚子的，黏米要吃两碗，而且还挑剔下饭菜。受政府决策干预影响，以上阳烂村农耕种植作物的变化，凸显了前文所提到的引起社会变迁七种因素之一的

① 这一食物链特指深水种植糯稻，兼养鱼、鸭、鹅等的生产模式。糯稻、鱼、鸭、鹅、人等五者形成了一个小型生态系统。这一生态系统由多条食物链构成，如蓄水种植糯稻可以养鱼，加上虫类的繁殖可以供给鸭、鹅成长所需的食物，而人作为杂食动物，以上都可食用，人生物机体新陈代谢所产生的粪便又可以为糯稻种植及鱼类繁殖提供所需的肥料。

② 舒丽丽：《从“主位”到“他者”的理解——对阳烂侗族栖居文化的人类学解读》，载《原生态民族文化学刊》2009年第2期。

③ 据笔者的田野考察，直到今天，侗族社会的通用礼物仍然是用竹篮装的煮熟了的糯米团。甚至有时候，准备这样子的礼物，成为亲缘关系亲疏远近的一种象征，并成为乡土社会无言的乡规民约被传承下去。

“促进变迁的有目的的努力”在促使社会结构调整中的重大作用。面对糯稻慢慢淡出历史舞台，黏稻的种植带来了更多的虫害，进而破坏了传统社会因特殊种植业而形成的生态系统，传统农作物种植业生产形态趋于瓦解；而与农作物种植业紧密相连的侗族生活方式也不得不发生改变，比如糯稻种植时期，一天吃两餐即可，而现在却要日食三餐，还得讲究菜肴的搭配，使得原本简单的日常生活体系中家务劳动变得更为繁重起来，人们用于经营其他副业（如林业和采集业等）的时间和精力也相对缩短和减少，更不用说用于休闲和娱乐的时间了。

阳烂侗族的主体种植业从糯稻种植向黏稻种植的转变，是其传统社会在生计方式方面发生的一次有影响的转变。这样的转变虽然触动了社会生活方式的神经，但对社会整体结构的瓦解远未达到，他们采取的仍然是传统的以农业种植为主导的生计方式。作为以稻作种植为基础的农耕民族，传统的生计方式让侗族人紧紧地被捆绑在土地之上。但是，自从改革开放之后，我国加速了现代化的进程，聚居于我国西南部、中南部地区的侗族亦被卷入了这场巨大的生产、生活方式的变革之中。阳烂侗寨自 20 世纪 90 年代开始，逐渐对外输出农业剩余劳动力。在工业化和市场经济的作用下，对外劳动力的输出愈演愈烈，直到今天侗族聚居区已经如同我国其他非少数民族农村地区一样，成为让人担忧的 603861 基地。[①] 中坚力量人口的大量流动，必将带来很多的社会问题，甚至增加了彻底打破侗族传统社会结构的可能性，在一定程度上降低了传统社会规范化的习俗生活质量。

社会中坚劳动力的大量输出，将阳烂侗族传统的生计方式由依靠农业种植转变为外出务工换取生活资料，这样的转变势必瓦解其传统社会的生活方式，进而影响到村落生活的具体内容，习

① 603861 基地指的是受青壮年人口大量输出的影响，农村里留守的人员成分主要以没有劳动力或劳动力较弱的人为主，这些人包括老年人，简称“60”；妇女，简称“38”；儿童，简称“61”。

俗生活不可避免地也被卷入其中，而发生必然的转变甚至可能是与传统习俗生活模式彻底的决裂。当然，这一幕我们尚未看见，因为这些中坚力量毕竟还只是“离乡不背井”，他们的根基和文化认同仍然在侗族传统栖息地，而文化认同所传递给他们的文化自觉仍然是传统乡土中的那一套，也才有了侗族人所诉说的“家里更好玩，所以我们总是逢年过节就想赶回家里过”的朴实表达。另外，即使对于外出务工的阳烂侗族来说，他们仍然保持着对乡土文化浓厚的眷恋，然而却因为身在异地及工作中的身不由己，不得不只能每年选择很短的时间参与到族群集体生活中去。现实的生存压力及村落社会中的浪漫生活造成的夹缝，使得这些外出务工的人只能是不断游离往返于两者之间，然而毕竟只有活着才能追求更好的浪漫生活，相形之下，他们只能作出与自我族群性格相异的屈从与选择现代性工作的决定。在经济全球化日益深化的今天，被货币束缚的阳烂侗族人只会日益增多，并必然导致他们忘却传统农耕时代那种自给自足、缺少经济利益冲突的快乐，而与适应自然经济基础的生活方式渐行渐远。

传统社会中，适应自然经济基础的生活方式常常指代的就是其族群的相应习俗。习俗被“定义为一种典型的一致性行动，这种行动之所以被不断重复，是因为人们出于不假思索的模仿而习惯了它。它是一种不经由任何人在任何意义上‘要求’个人遵从之而驻存的一种集体行动的方式”[①]。阳烂侗族行歌坐月作为一种建立在自然经济基础之上的习俗，面对传统生计方式的变迁，必然连锁反应，产生相应的变化。行歌坐月习俗在社会文化变迁大背景之下何去何从，无疑也是本书必然要探讨的内容。

---

① 参见 http://zhidao.baidu.com/question/18568759.html。

二、行歌坐月习俗相关文化事项的变化

阳烂侗族行歌坐月习俗得以存在最根本的原因在于其传统社会过程及模式。传统社会常常被认为是以体现农业文明的自然经济为基础的社会发展阶段，与之对应起来的现代社会则指向以体现工业文明的市场经济为基础的社会发展阶段。[①] 对传统与现代社会的区别理解，离不开对现代化进程的诠释。现代化进程通常被理解成四个亚过程，其中之一是技术发展。在现代化的过程中，传统知识和技术让位于主要从工业化的西方学来的科学知识和技术的应用。另一个亚过程是农业发展，它意味着农业重点从生存型向商品化的转变，人们不再仅仅为养家糊口而种植庄稼了，越来越多地转向经济作物的生产，因而也就越来越多地依赖于货币经济和全球市场来出售农产品和买进商品。第三个亚过程是工业化，它更强调用物质形式的能量来驱动机器。人力和畜力变得不那么重要了，一般的手工艺也是这样。第四个亚过程是城市化，其特征是人口从农村移入城市。[②] 阳烂侗寨呈现出的这四大亚过程主要表现在：技术发展方面，借用了一些非本土化的科学知识和技术，尤其是现代科学技术知识；农业发展方面，主要表现在种植业、采集业等农业项目开始向商品化农业转变，开始从传统的以解决温饱需求的小农经济转变为追求货币价值的商品经济；工业化方面，表现在随着国家对基础设施的加大投入，社会交往日益紧密，人与人之间、村落之间、群体之间接触机会增多；城市化方面，表现在越来越多的农村人口输入城市，融入现代化的城

---

① 参见廖君湘：《南部侗族传统文化特点研究》，民族出版社，2007 年，第 31 页。

② 参见［美］威廉·A. 哈维兰著，瞿铁鹏、张钰译：《文化人类学》（第十版），上海社会科学院出版社，2006 年，第 475～476 页。

镇化体系之中。从以上四大亚过程的实际情况出发，显然阳烂侗寨已经迈入了现代化进程之中。

此外，还有一个文化层面的事实值得说明：任何一个社会发展阶段都是以不同文化特点作为区分标志的。社会与文化很难区分开来对待。现代化理论的集大成者帕森斯在继承古典社会学关于西方现代化社会发展研究成果的基础上，总结出了五对模式变量，即情感与情感的中立、自我取向与集体取向、普遍主义与特殊主义、先赋性与自致性、专一性与扩散性。[①] 这五对模式变量虽存在绝对二元对立、欧美中心论的嫌疑，但仍然为后来者研究社会的传统与现代维度提供了重要的理论支撑。从文化的复合型特性来说，帕森斯的这五对模式变量终是逃脱不了广义文化范围的涵盖。后继者在帕森斯经典理论的影响下，重新归纳出了五个传统与现代的差别性特征，其中就有一个文化方面的变量，有学者指出：传统社会的文化强调超验的、反个性的、知足常乐的、先赋至上的、情感至上的价值观念，而现代社会的文化则强调理性主义、个性自由、不断进取、效率至上、能力至上等价值观念。[②]

结合阳烂侗族传统社会的历史实际，显然其传统文化具有“强调超验的、反个性的、知足常乐的、先赋至上的、情感至上的价值观念”。从这些传统社会的文化价值观念出发，归纳起来看，其社会形态具有相对更多的“平等性”和“稳定性”。其“平等性”突出地表现在以下方面：经济上，全村贫富差距不大，生存资源分配较均匀；因对权利资源占有的集体性，形成了社会地位差别不大的社会形态；村民接受文化及生存技巧的训练来源于集体给予的无偿教育，处于阳烂侗族传统社会中的人，一出生就被赋予“生而平等”的获取生存资源和知识的权利；阳烂侗族传统

---

① 参见童星：《发展社会学与中国现代化》，社会科学文献出版社，2005年，第69～73页。

② 参见谢中立、孙立平主编：《二十世纪西方现代化理论文选》，上海三联书店，2002年，第2页。

社会具有原始社会公有制的遗风，并未分化出不同的阶级或阶层。而村落传统社会分工不明显，自然经济占据的主导地位导致其人口流动不大，几乎全部的村民都被牢牢地固定在土地之上，这样的稳定特性无形中更是强化了该社会的平等性。这是该社会的习俗生活得以成为祖祖辈辈不愿也无法改变的习惯之根本所在。最终，稳定而平等的习俗生活的破冰之灾开始于村落人口的大量流动，即生计方式变迁而引起的主体农业劳动力向城市、工厂的涌入，并转变成需要符合现代性要求而背离原初获得的农业生产知识技术的工人。这些人面对完全不同于村落生活模式的都市生活所带给他们的知识爆炸和引起的文化震撼，必然导致其对自身传统文化和习惯的反思，但无论反思比较的结果如何，这一代人都逃离不了传统与现代性的两相挤压，即使他们仍然愿意不放弃故土的生活习俗，却因为文化背景和场域的不复存在，也必然被迫成为为了生存而舍弃自我传统文化的生物人。对于那些没有流动外出的村落留守者来说，他们同样业已不能成为习俗生活的实质主体，尤其是具体到行歌坐月习俗的特殊性，基于传统社会结构基础上的习俗生活不得不面临着新的选择和必然变迁。

截至今天，受传统社会文化背景尤其是体现在生计方式变迁上的影响，阳烂侗族行歌坐月习俗发生了重大的变迁，其具体表现主要反映在以下几个方面：

一是阳烂侗族行歌坐月习俗主体由适婚的青年男女转变为旁观的男女老人。受生计方式变迁引发的大量主体劳动力外流的影响，阳烂侗寨的大量精英人物尤其是年轻力壮的未婚青年男女流失在外，而原本应该由这部分人群唱主角的传统行歌坐月习俗失去了首要条件，不得不演变成留守人群自娱自乐的活动。从留守人群的成分来看，主要由老人、已婚妇女和儿童构成，因为儿童还不具备能够参与行歌坐月活动的基础条件，首先出局；其次是已婚妇女，与其对等的已婚男性也大多外出打零工或者经商做副业了，这一人群很难找到合适的行歌坐月对象，也必然出局；最后是老人，他们具备一致的两性对等关系，成为变迁后行歌坐月习俗的新兴主体。

二是与行歌坐月习俗相匹配的婚恋制度不复存在。阳烂侗族传统社会中的抢婚行为完全消失。行歌坐月婚恋习俗强调的先恋爱后结婚、可以多选择多比较的自主择偶方式，转变为以媒婆介绍为主的先结婚后恋爱的被动择偶方式。

三是行歌坐月传统习俗的双重性目的转变为独重精神需求的娱乐性行为。这一转变与行歌坐月主体的变化不无关系。老人作为变迁后行歌坐月习俗生活的主体，他们更多强调的并非择偶，而是满足精神需求，丰富娱乐活动。这一娱乐性转变倾向表现在满足精神需求方面主要有两点内容：一方面为当年有过行歌坐月经历却最终没有共结连理的男女双方缅怀追忆过去提供平台；另一方面开辟出新的娱乐方式，与纸牌、麻将等新进入的元素一样，起到增进留守老人之间交流和感情的作用。

四是行歌坐月习俗促进侗族社会网络建构功能的削弱。首先表现在变迁后的行歌坐月习俗无法成为建构侗族社会基于情缘关系模式上的友谊型初级群体的有效途径。其次它也无法再在加强和扩大族群内部交往尤其体现在村落之间交往方面发挥积极作用。最后变迁了的行歌坐月习俗在整合社会资源及促进社会结构优化方面的作用将日益微乎其微，甚至都不能算得上是完整意义上的习俗，而沦落为少数人群的具有选择性的贴上了历史记忆标签的娱乐性爱好。

五是以歌和夜为主要元素的行歌坐月习俗活动日益简化成对歌的简单行为。它对参与这一简化习俗活动的人群的要求随之简单多了，更别说传统行歌坐月习俗所要求的必须懂得那些复杂的礼数和具备相应的前提条件。

三、旅游开发下的行歌坐月展演

我们无法拒绝变迁，留给我们更多惶恐的也不是变迁现象本身，而在于变迁之后，社会如何成为整合的有机体，如何被再度系统化与规范化。人类学的研究方法与习惯喜好将任何一种社会文化因素都视之为整体的重要组成部分，并认为它们在稳定整体结构方面占据了不容忽视的位置。行歌坐月作为阳烂侗寨一项重要的民族民俗文化事项，有着前文所描绘的诸般功能，并且亦能通过它透视整个侗民族社会运行的基本模式和整个“小社会”结构。但是，面对无法拒绝的变迁，侗族的行歌坐月将在现代化的进程中呈现怎样的状态呢？区别于前文行歌坐月习俗相关文化事项的变迁部分内容，这一节主要描述的是在“人”[①] 的刻意干预下，行歌坐月的走向问题。这两者之间的差别在于：虽然两者都是在现代化的进程中产生的，但前者是一种自然的适应变化了的文化生态环境的变迁及过程，而后者要突出的是人为因素的影响和牵引；前者是事实上的真实，而后者在于表达的是建构的真实，要达到的是舞台展演的效果。

现代化是一个代表过程的名词，阳烂侗寨也只是在这个漫长的过程之中踏出了起初的几小步，但是，这几小步却足以撼动整个传统稳定的村落社会。具体到行歌坐月习俗来说，正如前文所总结的，其文化背景、主体、隐喻、目的、功能等都将随生计方式的变迁而在现代化进程中发生重大变化。而阳烂侗族以行歌坐月为代表的习俗文化在变幻莫测的现代化进程中，是消亡、中断，还是走向调适后的再生，都有可能，关键却在于社会主体的人如

---

① 具体到阳烂侗寨所在的特殊区域来说，主要包括热衷于旅游开发和文化遗产保护的政府部门、当地的民间文化组织机构及侗族本身的精英人物等。以下同解。

何进行干预。

相对于直接和间接地包括了外部世界当中可以观察得到的真实的事情和事件的文化真实性来说，表述的方位是构成文化的事情和事件确实存在，它们存在于时间和空间里：在人的有机体中，即概念、信仰、情感、态度；在人与人之间的社会相互关系进程之中；在人类有机体之外，但又存在于人与人之间的社会相互关系模式里面的客观物质（斧头、工厂、铁路、陶瓷碗）当中。[①] 文化和社会都是人的，因而，无论愿不愿意承认干预都是人为的，这是从其广义范围来说。本部分要讨论的是狭义上的主动干预。干预有主动性，被动的干预可以理解成被削弱了主体人表现的文化自觉。主动干预在于凸显人类活动的预期性、计划性及目的性。对阳烂侗寨以行歌坐月为代表的习俗文化的主动干预，目的在于为传承文化和发挥优秀传统文化的价值提供舞台，从而为整个人类社会创建更多的舒适感和生命多样性。一言蔽之，在变迁的持续动力中，以行歌坐月为代表的侗族习俗文化必然在人的干预下，融入新的现代性元素，而有异于文化全球化的谬论，保持自身建构的真实的文化多样性，哪怕这样建构起来的文化仅仅具备的只是传统习俗的形而非实质，起码也仍然代表了一种记忆和"传统留存"[②]。这也是打着异文化体验招牌的文化旅游的底气所在。

目前的阳烂侗寨已经被纳入"百里侗文化长廊"旅游项目之中，只是由于种种原因，这里的旅游并未真正兴旺起来，接待更多的也只是一些散客和学术团体。受旅游业开发的触动，以行歌坐月习俗为代表的传统文化必然成为"建构的真实"下的"舞台展演品"。具体到阳烂侗族的行歌坐月展演，它既不同于阳烂侗族传统社会中的行歌坐月，又不可能类似于相关习俗文化事项随生计方式变迁而发生了自然异化的行歌坐月。唯一可以肯定的是：这三种事物的源都

---

① 参见［美］莱斯利·A. 怀特：《文化概念》，载《美国人类学》1959年第61期。

② 参见张跃、舒丽丽：《传统与现代间的彝族文化探析——以松子园彝村为例》，载《广西民族大学学报》（哲学社会科学版）2009年第2期。

在于侗族传统社会的历史本质，因受具体某一阶段社会文化大背景的影响而呈现出截然相异的表现，传统社会中的行歌坐月和自然变迁了的行歌坐月都属于历史维度的事实上的真实，而旅游开发下的行歌坐月只是披着历史和传统的外衣人为嫁接起来的真实。当然，无论归属于何种真实，毫无疑问都具有各自的合理性。

第七章　从行歌坐月到对侗族传统文化的反思

研究的目的总在于“发现在相对稳定和持久的结构之间跨历史的不变因素或总体关系”，虽然对阳烂侗族行歌坐月习俗的研究，仅仅只是笔者自身的实践性经验，但通过对本课题的研究而形成的一些反思仍然代表了笔者为学的追求与努力，也是笔者想要趋近的真理的客观性标准。正如某些学者认为的“真理的客观性标准以及人类对此趋近性的认识使一切人类知识都是猜测，充其量也只是类似于真理”，人类不得不面对这样的“两种真实：一种是我们直接感受到的真实，如对天地日月等等的局部性经验；一种是不依赖于我们的感受、必须依凭于我们的理性去透视的更具整体性的实在——如原子、力、力场等等”[①]。通过对行歌坐月习俗的深描，笔者所“直接感受到的真实”与“局部性经验”不敢说就代表了真理甚至趋近于真理，但至少可算是一种尝试，想要通过对具体局部性经验的解读，来构建自我对整个侗族族群文化甚至人类文明的理解。

① 参见陈庆德等：《人类学的理论预设与建构》，社会科学文献出版社，2006年，第4页。

一、行歌坐月习俗的功能总结

行歌坐月作为一种习俗活动，前文已经论述了其对整个阳烂侗族传统社会网络建构的作用，但仍然值得特别总结的是其作为一种习俗活动的形式，如何对整个社会结构的优化和重组起到重要的作用。还有就是变迁之后的行歌坐月习俗之功能如何体现。

借用拉德克利夫－布朗对社会结构的界定，即“社会结构是由相互联系的个人的配置组成”，行歌坐月习俗功能体现在社会结构方面的意义在于：侗族社会通过提供习俗活动的不同形式，具体表现如行歌坐月等，对原本如散沙似的村落社会个体进行了集体活动的操练，熏陶和培养了他们在群体活动中的集体情感，锻炼了社会个体组织和参与集体行动的能力。从某种意义上来说，这样的熏陶和锻炼起到的也是一种社会教育的作用，这样的教育同时还促进了个体的民族社会化过程，有助于培养社会个体对族群文化和生活方式等的认同。处于传统行歌坐月习俗活动网络中的任何一个个体，包括占据活动主体地位的青年男女及旁观甚至缺席的人群，都被不同程度地整合进了这样的一个仪式之中，起到了对族群社会全民总动员的功能，可以增进个体的精神凝聚力和团结性，这与前文总结的行歌坐月习俗构建了侗族传统社会友谊型初级群体具有一样的内涵表达，只是前者从个体活动的无限广度来总结，而后者仅仅只是概括了其对构建某一特殊群体的意义所在。处于社会整体网络结构链接中的不同个体，就是通过重复参与到类似于行歌坐月这样具有典型一致性行为的习俗活动中，从而才为网络社会和族群所接纳。这也正是整体的习俗及其文化的意义所在。

结合前文所述，变迁之后的行歌坐月习俗可分为两种类型：一是为适应生计方式变迁而自然发生相关文化事项变化的行歌坐月，二是受人为主动干预影响下的屈从旅游开发目的的行歌坐月展演。两种类型中的前者最终会面临着消失的危机，而其目前在整个阳烂侗族社会发挥的功能作用与传统社会中的行歌坐月习俗相比，虽然削弱了很多，但至少仍然在丰富族群生活尤其是村落留守人员的文化生活上起到了重要作用。后者的行歌坐月展演虽然代表的是一种建构的真实，而与事实上的真实存在一定的差距，但由于它产生变异的背景和目的的驱使，将使之成为能够带来货币价值的文化资本，从而作为一种新的文化形式或新民俗去彰显极可能消亡掉的原初行歌坐月古老习俗。这也是其功能作用所在。

二、行歌坐月习俗的逻辑思考

鉴于任何观点的合理性都强调情境，在笔者所能把握的范围之内，不离开实践所涉及的事物，完全注重于事物发生的现时，注重于它在现时中发现的、表现为客观性的实践功能，[①] 阳烂侗族行歌坐月习俗展现给我们的正是习性与情境相依存的关联，在一种习性（凭直觉将其定为特殊言谈举止风格的生成原则）和一种经人为改变以诱发该习性的情境之间建立关系，从而创造所期待的实践活动（可以是完全即兴的表演）之条件。[②] 行歌坐月作为一种习俗文化，其具有逻辑性的表现在于它是行为主体的人为改造环境、适应环境、创造价值而主动作出的生存策略选择。因而行歌坐月习俗代表的阳烂侗族传统社会的恋爱自由性特点必然产生择偶对象的多元化，而与村落社会中婚姻制度要求的严格的一夫一妻制原则相悖，为调和这样的矛盾，习俗生活创造性地对此作

① 参见［法］皮埃尔·布迪厄著，蒋梓骅译：《实践感》，译林出版社，2003 年，第 143 页。

② 同上，第 143 页。

出了回应，形成了补充似的其他法则，如允许抢婚等，这算是行歌坐月习俗生活反映的村落社会结构和体系的逻辑之一。此外，阳烂侗族传统社会具有两种婚姻模式，即包办婚和自由婚，这两种看似相反的婚姻模式在特定的这一区域里，矛盾并不激化，而是能够利用补充手段进行调和，这既代表了阳烂侗族传统社会的温和性文化特点，又体现了他们生命世界里的思辨性生存法则，就如村里人针对鹭鸶鸟破坏庄稼的现象时说出的极具哲学韵味的话语“可能是我们占据了鹭鸶鸟的地盘，而迫使它们只能被不断地驱赶”一样，具有同样的含义。

缘于阳烂侗寨“小社会”的文化传统性[①]倾向，行歌坐月的文化持有者自觉形成了符合时代要求的生存心态。这一生存心态不只是用来表示同人的行动始终相伴随，并指导着行动始终的那种精神状态，而且还用来强调与社会结构共时并存、同时运作的行动者秉性系统；不只是指那些指导着社会区分的区分原则，而且也是实际地起区分化作用的区分活动本身；不只是单纯已形成的内在化的行动者主观心理状态，而且是同时积累着行动者历史经验和凝缩社会历史发展轨迹，并不断地在客观世界中外在化的“生成原则”。[②] 阳烂侗族的行歌坐月不仅是在上述的生存原则规束下开展的，而且又促进了这一生存原则的严谨化。行歌坐月的空间、范围、方式、过程、主体活动、目的与功能等，以及其折射出的婚恋制度文化都充分展现了阳烂侗族传统社会的结构及其族群性格。笼统地看，侗族的行歌坐月习俗作为传统文化重要的组成部分，具有历史选择的合理性和逻辑性，虽然在现代化急剧加深的今天，其不得不面对可能的形式与内涵的变迁，但仍然无法掩盖文化的本质精神就在于需求性的满足，哪怕只是精神和意识上的有用表现。如果采用最广泛也最含混的关于理性的说法，即“（理性）是指人所特有的思维、理解、认知、推论的能力、规律、

---

① 特指强调超验的、反个性的、知足常乐的、先赋至上的、情感至上的价值观念。

② 参见高宣扬：《布迪厄的社会理论》，同济大学出版社，2004 年，第 113 页。

法则，而大多与逻辑（logic）相关”[①] 这样的界定的话，可以说阳烂侗族行歌坐月习俗反映和说明了其族群传统与文化的理性。

三、行歌坐月反映的文化特点与族群性格

通过全书的论述，阳烂侗族传统行歌坐月习俗具有这样三个特点：

一是既在乎礼数，又不拘泥于死板的规则。行歌坐月时，各参与者都必须遵守坐、问答的游戏规则，在场的家长及老者还有在适当时候回避的义务。这些规则共同构成了阳烂侗族行歌坐月的礼数，它们与流行于阳烂侗寨“小社会”的其他制度共同对民族行为实行了约束。从贯穿于整个行歌坐月过程中的礼数来看，它们并不具有苛刻性，表现在：即使回避了的人，仍然可以采取折中的偷听方式，表达自身的在场意愿，而当事者面对回避偷听的人群来说，并不显得特别在意与强求；还有在行歌坐月中只要不违背最基本的规则（不允许发生性关系），其他次级规则，如对礼数的不擅长，对对歌技巧的不娴熟等等，都可以被作为笑话一闹而过，而并不会采取其他任何惩罚性措施，充其量只是不能得到姑娘们的青睐。这体现了阳烂侗寨行歌坐月活动的灵活性。

二是参与群体的广泛性，凸显了族群生活的自由精神。从阳烂侗族行歌坐月的参与者来看，处于传统社会的人，几乎全部被卷入了这场社会网络的构建过程中，只是一部分人是以直接参与的身份进来，另一部分则是以旁观者的身份出现。从某一个体来看，他从小就得接受对歌技巧和歌唱艺术文化的熏陶，到成年就得亲身经历行歌坐月去寻找恋爱对象，结婚以后一段时间里，只

---

① 参见李泽厚：《实用理性与乐感文化》，生活·读书·新知三联书店，2008 年，第 4 页。

要他愿意仍然可以行歌坐月，等到抚养孩子到适婚年龄，他的身份又得转变为旁观与回避的角色。从这样的历时性来看，行歌坐月几乎是阳烂侗寨传统社会中单独个体一生都必须经历的事件，没有其他任何事件能够与之媲美而具有这样充分的在场和自由度。

三是目的的多样性，展示了民族社会的包容性。最直接地说，行歌坐月具有择偶与满足精神需求这两大目的，这两大目的在一定程度上具有矛盾。一般来说，对于习惯采取一夫一妻婚姻制度的阳烂侗寨来说，在结婚后继续可以自由地参与到行歌坐月活动中来，显然增加了家庭不稳定及多角恋的可能性，但是作为具备理性和崇尚习俗管理的侗民族来说，他们以包容的姿态允许了以上可能性的存在，尽管并不见得因此而为婚姻家庭的稳定制造了障碍，但起码仍然显露了民族的包容和温和特质。

以上行歌坐月的特点充分展示了阳烂侗族的族群性格。正是因族群性格如此，才导致了行歌坐月习俗活动中个体或群体的反应与表现是这样而非那样，反过来，在行歌坐月习俗活动中个体或群体的这样反应与表现又重塑了族群性格。族群性格可以简称为“族性”。具体而言，族性涉及代代传承的文化特质，如宗教、饮食、语言、性情、服饰、民俗、族群起源以及共同的祖先和社会经历；是基于假定的世系和基于这一背景与他人享有共同的目标，而将自身视为或被他人视为某一群体的组成部分。[①] 某一族群成员觉察到共享这些和那些特征，这样，族性意味着认同于一个族群，并自觉为一个族群的部分，又因这一归属感而排斥某些其他族群。这就是说，族群成员拥有一种族群认同感，他们将自身和同一群体成员界定为“我们”，而将其他人界定为“他们”。[②] 从族性的内涵界定出发，行歌坐月作为阳烂侗族整体文化的重要组成部分，体现了族群的文化认同，也正是这一习俗文化及其特殊性为什么归属于阳烂侗族，而不属于其他的什么族群的根本所在。

---

① 转引自庄孔韶主编：《人类学概论》，中国人民大学出版社，2006 年，第 311 页。

② 同上。

如果非要给阳烂侗族的族性做一个定性的话，结合其传统社会中行歌坐月习俗体现的特点，笔者认为阳烂侗族是一个包容性极强、温和性文化特点显著的族群。

总之，本书研究范畴中的行歌坐月习俗文化反映了阳烂侗族的族群性，随着包括行歌坐月习俗在内的侗族传统文化不断受到现代化进程的冲击，以文化为标志的民族独立性将何去何从，日益成为具有历史责任感的任何群体的集体忧郁，也必将吸引来更多的人尊重传统，为多样文化的大放光彩贡献力量。

附　录

一　现代化进程中侗族地区乡村治理模式的文化机制探究

——以湖南省通道侗族自治县为例

随着社会现代化进程的日益加速，传统社会发生了翻天覆地的变化。这些变化不但使得整个地方性社会原本系统化了的传统乡村治理模式和结构面临着土崩瓦解的危机，而且诱发了越来越多的新问题，如乡村治理与文化机制、人口的流动与生计方式的转变、社会变迁与文化自信、文化自觉等等。这些诸多问题都从不同层面、不同程度、不同角度受到了社会现代化进程的影响，进而凸显出许多与传统社会相异的“新”特点。社会作为一个可整合的有机体，其各组成部分都是密切联系着的，“牵一发而动全身”，上述简单列出的几个看似毫不相干的问题，其实质上却是有着千丝万缕的联系。就传统社会来说，乡村的治理与控制曾一度借用文化机制尤其是非物质文化机制来行使其卫道者的职能，而现代化进程的不断加速，首先瓦解的必然是传统社会的同质性，从而为社会增加日益多且繁杂的多样性和可能性。现代化的过程从某种程度上亦是工业文明的市场化过程。工业文明的市场化带来了乡土社会人口向城市的流动，也带来了主要生计方式与农业文明的割裂，并与此同时在社会急剧变迁的过程中，纠结缠绕着文化变迁与自觉的博弈。面对复杂的现代化社会及其过程，如何实施好社会尤其是乡村社会的治理与引导愈发显得迫切而重要。

所谓治理，指的是各种公共的或私人的个人和机构管理其共同事务的诸多方式的总和，它是使相互冲突的或不同的利益得以调和并且采取联合行动的持续的过程。[①] 更有学者明确界定了乡村治理的内涵，“所谓乡村治理，就是性质不同的各种组织，包括乡镇的党委政府、‘七站八所’、扶贫队、工青妇等政府及其附属机构，村里的党支部、村委会、团支部、妇女会、各种协会等村级组织，民间的红白喜事会、慈善救济会、宗亲会等民间群体及组织，通过一定的制度机制共同把乡下的公共事务管理好”[②]。对乡村治理的研究既有从宏观方面着手的研究，更不乏从微观方面说明问题的创新，正如某些学者所指出的：“近年来，一批国内学者对以村民自治为基础的乡村治理的研究达到了相当的水平：一是扩展了研究的‘面’；二是深化了研究的‘点’；三是细化了研究的具体内容。”[③] 但是，我们远还有更多的问题需要解决，就现有的研究成果来看，一部分的成果着墨于对传统中国乡村治理的研究，一部分的成果着眼于当今社会急剧变迁的过程中政府如何解决乡村治理问题的研究，还有一部分的研究成果主要就某时某地如何进行治理这一问题进行探讨，这些成果各具特色、各有创新。但是，对于乡村治理这样一个主流研究领域的论题，在少数民族地区的研究上尚有缺位。我国的民族地区同样被卷入了这场声势浩大的现代化进程之中，其传统及文化具有特殊性，如何化这样的特殊性为一种引导民族地区走好并加速现代化进程步伐的力量，

---

① 参见全球治理委员会编：《我们的全球伙伴》，牛津大学出版社，1995年，第23页。转引自周水仙：《完善乡村治理机制　建构多元治理范式》，载《沧桑》2007年第2期。

② 郭正林：《乡村治理及其制度绩效评估：学理性案例分析》，载《华中师范大学学报》（人文社会科学版）2004年第4期。

③ 同上。

从而能够更好地处理民族地区在现代化进程中的治理问题，将成为本书想要探讨的内容。无意于构建一个宏大的叙事理论，笔者将这样的探讨置于一个特定的区域（湖南省通道侗族自治县）特定的民族（侗族）来进行分析。

一、侗族的传统社会

"传统"与"现代"常被对应起来使用。[①] 传统社会常常被认为是以体现农业文明的自然经济为基础的社会发展阶段，与之对应起来的现代社会则指向以体现工业文明的市场经济为基础的社会发展阶段。[②] 任何一个社会发展阶段都是以不同文化特点作为区分标志的。事实上，社会与文化也是很难区分开来对待。现代化理论的集大成者帕森斯在继承古典社会学关于西方现代化社会发展研究成果的基础上，总结出了五对模式变量，即情感与情感的中立、自我取向与集体取向、普遍主义与特殊主义、先赋性与自致性、专一性与扩散性。[③] 这五对模式变量虽存在绝对二元对立、欧美中心论的嫌疑，但也仍然为后来者研究社会提供了重要的理论支撑。从文化的复合特性来说，帕森斯的这五对模式变量终是逃脱不了广义文化范围的涵盖。后继者在帕森斯经典理论的影响下，重新归纳出了五个"传统"与"现代"的差别性特征，其中就有一个"文化方面"的变量，指出：传统社会的文化强调超验的、反个性的、知足常乐的、先赋至上的、情感至上的价值观念；而现代社会的文化则强调理性主义、个性自由、不断进取、效率至上、能力至上等价值观念。[④] 从这些观点出发，如果一个社会拥

---

① 这里采取将"传统"与"现代"对立起来表述的做法，并非笔者观点上所认为两者之间在事实本质上的对立，而仅仅只是因了行文的方便。恰巧，笔者也正想通过对案例进行再分析，而建构自我对"传统"与"现代"的认知。

② 参见廖君湘：《南部侗族传统文化特点研究》，民族出版社，2007 年，第 31 页。

③ 参见童星：《发展社会学与中国现代化》，社会科学文献出版社，2005 年，第 69～73 页。

④ 参见谢中立、孙立平主编：《二十世纪西方现代化理论文选》，上海三联书店，2002 年，第 2 页。

有以上表述中前者愈多特质的则愈发趋于传统社会，反之亦然。

对于侗族村落来说，在大规模的人口输出[①]尤其是中年、青年一代进城务工出现之前，整个村落社会处在一种“以体现农业文明的自然经济为基础的社会发展阶段”之中，也就是概念上所说的传统社会之中。甚至，即使到了今天，走进南部侗族区域，这里的生产生活总体习俗仍然沿袭着古老的那一套，有差异的只是增添了很多具有现代化气息和韵味的辅助手段，但是在这一区域传统文化的根性仍然在自始至终起着作用。从这种意义来说，侗族村落的文化仍然是“传统”的，而非被现代化完全取代了的文化，它们的文化仍然植根于农业文明的土壤之中，而呈现出“强调超验的、反个性的、知足常乐的、先赋至上的、情感至上的价值观念”。

具体到湖南省通道侗族自治县的侗族村落，这里的文化特点虽然呈现出两仪性，即某些文化要素具有现代性，而某些文化要素却仍然是传统的，但从整体来看，仍然是传统文化占据了主导地位。那些因外出务工而遭遇了更多现代化文化特色影响的中青年村民，在一定程度上将现代化的工业文明的理念带回了村落，但是那些理念也只是作为一种饭后的谈资，作为一种描述异地生活的素材而被诉诸乡土村落社会生活之中。当然，也许这些“谈资”也业已开始进入村落人们生活的“潜意识”，但是作为最理性、最懂得自己需要什么的农民，尤其是外出务工已经有了差异比较之后的农民，他们回到村落却仍然是严格遵循着传统生活的方方面面。用当地人自己的语言表述这样的行为就是，“家里更好

① 当然，这个大规模的人口输出特指的是20世纪末期之后在侗族村落兴起的进城务工潮，并不是指代村落的迁徙。据通道侗族某村老人回忆，祖辈老人告诉他们是从江西吉安府泰和县掳凌寨迁徙而来此处定居。村落历史上的这一迁徙过程，姑且不论是否真实可靠，从人口流动上来说规模是巨大的，但与本文想要描述的人口流动有本质的区别。两者虽都代表了人口的流动，但流动前后村民的生产生活方式却有着本质上的差别，前者迁出地与迁入地之间的生产与生活方式不存在本质的区别，而后者迁出地与迁入地之间的生产与生活方式存在本质的区别。

玩，所以我们总是逢年过节就想赶回家里过”。笔者在调查的时候，也常常会遇见一些外出务工的村民为了回家过自己民族的传统节日而特意请假回来。也许他们自己并没有意识到“家里好玩”而“城里不好玩”这样的表述的本质就在于：城市生活的氛围与村落生活的氛围是完全不同的。而这样的不同的根源来自于他们对自我族群文化的认同与信任。自小在本土侗族传统文化浸淫之下长大的村民进了城，做的虽也是与工业文明息息相关的行当，但他们的心态或者说是内心的归宿仍然是那些乡土的感知，而与工业文明相关的行当仅仅也只是他们谋生的手段而已。

侗族传统文化及其社会生活具有强大的生命力，一直影响着当地无论是外出了，还是没有外出经历的村民们的现实生活。他们的这些现实生活又连同无论是否变迁了的文化，在特定的村落生境里构成整个族群的社会化过程。正如中国社会学界的主流观点所界定的自然环境、人口与文化构成了社会的三大要素①的观点一样，侗族的社会过程内涵必然包括以上三大要素的内容。具体到侗族的传统社会过程来说，它包括以下两方面的内容：社会成员个体的社会化过程，社会成员的社会互动（社会行动）过程、社会变迁的过程；社会结构、社会组织、社会制度的历时性、延续的状态及其变迁发展。② 从以上具体内容并结合通道侗族自治县的侗族村落来看，侗族的传统社会是一种以农耕文明为基础的，具有温和文化属性③的和谐社会类型。这一和谐社会类型在笔者的另一篇文章中有这样的阐述：“阳烂侗族的‘生存心态’主要包括以下三个方面：第一，‘和谐包容’的精神状态。第二，‘上敬下孝’的代际关系。第三，‘圆润良性’的村落社会运行。和谐包容

① 参见廖君湘：《侗族传统社会过程与社会生活》，民族出版社，2005年，第3页。

② 同上，第12页。

③ 对具有温和文化属性民族的特点，前人多有论述，主要有廖君湘的《南部侗族传统文化特点研究》（民族出版社，2007年）、孟驰北的《草原文化和人类历史》（国际文化出版社，1999年）、游建西的《对温和文化民族的几点认识》（载《学术研究》1998年“深圳特区专号”）等等。

的精神状态主要表现为阳烂侗族在对待事物或事件的态度上，呈现一种温和而非激进、宽容而非计较、愉悦而非悲观、谦虚而非张扬的心绪状态。上下辈、代际之间关系主要表现为阳烂侗族在赡养老者和哺育下代的行为与结果中，从而形成了上敬下孝、老有所养、少有所教的代际关系。良好的民族心理状态、和顺的代际关系，在另一个层面上也体现了个体到整体、个人到家庭之间的关系，并最终延伸至整个村落社会的运行。阳烂侗族村落社会具体到个人体现的心理文化素质，扩大到家庭、家族、房族、村落、民族，形成了‘圆润良性’的社会氛围和精神状态。”① 这里的阳烂正是湖南省通道侗族自治县的一个典型的侗族村寨，它的“生存心态”代表了这一区域侗族人及其社会生活的普遍心理，体现了侗族的传统社会过程。

二、侗族传统社会的治理

侗族传统社会过程又是如何得以完善并最终定型的呢？当然，这样的定型并不代表终点，可能只是另外一个高度的起点。要回答这一问题，离不开对侗族传统社会如何进行自身治理与引导等焦点问题的解读。

侗族传统社会的治理得益于其一系列的传统社会制度文化。具体到湖南省通道侗族自治县，其传统社会制度文化主要有：“款”组织及其制度、“补拉”组织及其制度。

关于侗族的“款”，汉文记载最早出自宋代文献，描写侗族地区“古无大豪长，……千人团哗，百人合款，纷纷籍籍不相兼统，徒以盟诅要约，终无法度相縻”。“盟诅要约”即侗款也。又载：“彼此相结，歃血誓盟，缓急相救，名曰门款。”对侗语“款”(Kuant) 一词含义进行直译，表示“说大话”的意思。这表示诸如“一言九鼎”之类的大话，是权威的语言，让人倾听并且遵从。

① 舒丽丽：《从“主位”到“他者”的理解——对阳烂侗族栖居文化的人类学解读》，载《原生态民族文化学刊》2009 年第 2 期。

侗款也就是侗族的法规。[①] 说到侗族的款，还会联系到款组织的说法。侗族的款组织与文献记载的门款具有同样的意义。所谓门款即合款，也可称之起款或联团，侗语记为 abs kuant、habs kuant、gabs kuant。其中 kuant 被记录者按照译音记为汉字款，是汉字记侗话的近音。abs kuant、habs kuant、gabs kuant 的实际意义还可延伸到村寨内部自治订立款约、村寨之间联合订立款约、宣讲款词和执行款规款约等四层含义。由于 abs、habs 在汉语中没有对应的音，汉文记录便取其意译为“合”字。因宋代人只见到“百人合款”的现象，而并不了解合款就是侗族社会组织的实质，故称之为门（盟）款。实际上，侗族的社会组织是由村寨之间盟誓合款而成的。所以用合款来命名侗族的社会组织是恰如其分的。[②]

合款组织有小、中、大和联合大款四个层次，它们共同构成了侗族传统社会最主要的结构。对于款组织在侗族社会中的重要性，有学者专文指出：“款组织是以血缘为基础、以地缘为纽带的村与村、寨与寨的联盟组织。侗族由以血缘为基础的‘斗’组成村寨，以一个大村寨或数个小村寨组成小款，环地百里，称‘洞’或‘坪’；以数‘洞’或数‘坪’组成大款，环在数百里；以数个大款组成特大款，即整个民族的联合。这就是款组织的结构体系……款有款首，由年长和阅历广、德高望重的人担任，其职责是根据款规款约来处理款内事务。款组织的原始形态，是村寨与村寨或氏族与氏族之间的婚姻联结，后来逐步发展成村寨与村寨、部落与部落之间的政治和军事联盟。于是侗族社会便开始进入到以款为核心的社会组织结构。”[③] “侗款制度是侗族传统社会最重要也是最主要的社会制度。在侗族历史上持续时间最长，今天还在南部侗区继续发挥其整合社会秩序的部分功能和作用，老人协会、

---

① 参见欧潮泉、姜大谦编著：《侗族文化辞典》，华夏文化艺术出版社，2002 年，第 181 页。

② 参见廖君湘：《南部侗族传统文化特点研究》，民族出版社，2007 年，第 142 页。

③ 参见吴宗源主编：《侗族文化简明读本》，中国戏剧出版社，2008 年，第 92 页。

乡规民约是其与现代社会生活调适后的表现形式，（侗款制度）社会控制功能配置最齐全，影响的社会层面最广泛，功能效果也最突出。侗款制度是侗族传统社会最基本的社会制度，它制约和规范了侗区的其他社会制度，南部侗族传统社会就是侗款政治社会。”[①]

具体到湖南省通道侗族自治县的侗族群体，它们属于南部侗族传统文化的核心区域之一，款组织及其制度亦是十分的严密。直到今天这一带还流传着许多的历史理款，有款坪款、约法款、出征款、英雄款、族源款、创世款、习俗款、祝赞款、祭祀款等等数十种，其内容涉及侗族社会生产生活的方方面面。这些理款为侗族人民传统社会生产生活规划出了整个框架和轮廓，并共同构成了整个侗族传统社会过程的礼俗世界，并也从根本上造就了整个侗族传统社会的温和文化属性。

与侗族传统社会治理与控制密切相关的还有其补拉组织及其制度。补拉是侗语 bux ladx 的音译，意为父亲和儿子。有人认为补拉组织是一种建立在父系血缘基础之上的宗族组织，在村寨和民族的发展进程当中的地位、作用极其重要。可以说没有补腊（拉）的存在，便没有村寨和民族的产生；没有补腊（拉）的发展、分化，便没有村寨和民族的发展壮大；没有补腊（拉）的亲和力为基础，也就没有村寨和民族的团结与稳定。补腊（拉）文化，既是建村立寨的基石，也是民族亲和力形成的源头。[②] 也有人认为补拉组织既不是家族，也不是宗族，而是父系氏族社会组织的次生形态。补拉组织的一大特点是以父系血缘关系为基础，小者由二三十户组成，大者有一百多户不等，如湖南通道侗族自治县独坡村石氏补拉就达 130 余户。补拉内的成员都有父系血统关系，他们有一个较久远的共同祖先，传说有二三十代。补拉内部严禁通婚，同一辈分的男女都是兄妹，不得以任何理由为借口进

① 廖君湘：《南部侗族传统文化特点研究》，民族出版社，2007 年，第 141 页。

② 同上，第 131～132 页。

行通婚。一般来说，一个补拉内姓氏不等，有的是一姓一个补拉；还有的甚至五六个姓合成一个补拉。和远古氏族一样，补拉亦可接受外人成为自己的成员，在通常情况下，以接受一个宗族入补拉的居多。加入补拉的人有的改姓，有的没有改。在侗族地区，没有一个人能独立于补拉而存在的。第三，补拉组织也有地缘特点。二三或四五个姓氏由于居住在同一个村寨而组成一个补拉。据调查，湖南通道县溪镇晒口村、寨老村、高寨村（各相距 1 至 3 里）的杨姓，他们以共同地域为基础（均在河流的同一边）组成一个补拉。一般来说，补拉组织是两者兼而有之，即既有血缘特征，又有地缘特点。第四，目前补拉中已无正式首领了。但它还自然形成一个或几个被公认是德高望重、能言善辩的长者进行管理的体制，他们在补拉中年龄较高，辈分最大；为人老实，尊老爱幼，孝顺父母，办事公道，与邻里和睦相处；参加生产劳动，自食其力等，因此，在处理各种公共事务时，他们通常起到主持者或代表者的作用。第五，补拉与补拉之间一般不互相统属，往往一个村寨里并存着几个补拉，它们互相联合是主要的，有争议时一般互相协商解决。[①] 笔者在通道县蹲点调查的时候，也亲身体会了由补拉组织主持并操办的婚姻缔结。在当地，有白喜和红喜事之分，这些重大的事情都由补拉组织负责出面操办和主持，既体现了村寨的合作参与性，让每一个侗族同胞自一出生就徜徉在整齐的集体参与活动的高度团结之中，也表现了侗族传统村寨是一个具有高度整合能力的群体。在这样的群体中，每一个社会成员对参与以个体事件面目出现的集体性事务都具有高度的积极性，而在这样的参与过程中，不但锻炼了个体参与者传统社会化过程的能力，让每个人都充分融入集体之中，更是塑造了整个侗族族群具有共性的个性和民族性格。

以上对侗族的“款”与“补拉”组织及制度的论述，仅仅只

---

① 参见石佳能：《侗族“补拉”文化渊源》，载吴宗源主编《侗族文化简明读本》，中国戏剧出版社，2008 年，第 109～110 页。

表达了整个侗族族群传统社会治理与控制过程的部分内容。侗族对自身社会治理与控制的方式多种多样，侗族传统社会的整个秩序被建构起来，都与其整体传统文化密不可分。“侗族整体社会秩序由原生型宗教、禁忌意识，社会组织及规约，社会舆论，道德、习俗和习惯法等多元因素共同维持，各类型社会控制手段相互协调配合，共同发挥规范、控制功能。侗族社会追求社会控制手段的多元性与立体性，强调俗（礼）法并举、德刑合用、重德轻刑、自律他律有机结合，从而建立起一个网络化、立体性的社会控制体系。它是一个软硬结合、内外联动的控制系统。应当说这种体系模式的构建与长期维持，集中反映出侗族社会的生存智慧，极有利于民族成员在艰险的生存环境里，增强凝聚力和向心力，保障民族社会的长治久安。侗族传统社会之所以长期稳定，较大程度上得益于这种立体性的控制系统。”① 因完善的控制系统而使得侗族传统社会的乡村治理达到极致，而经过以上的分析，显然侗族传统社会的控制体系最根本的力量来源于侗族的传统文化体系。文化的复合性特征使得其显然包含了以上所列制度文化、精神文化等具体内容的方方面面，基于此，从这种意义上来说，侗族传统文化也是有机整合了的一个体系，可以称之为文化有机体，而与社会有机体具有异曲同工的生理结构和功能。进而，有机整合了的文化可以成为一种机制，成为传统侗族社会自身治理与引导最强大的“软”力量与武器。

三、现代化进程中侗族传统社会的变迁

受现代化进程的影响，侗族传统社会虽然至今尚未发生质的变化，但事实上已经出现了很多极有可能引起传统规范社会被完全颠覆的量变。传统与现代被视为两种对立起来的概念，然而在未发生具有革命性意义的事件之前，倒不如说传统与现代只是语言表达命题中的两端，其中文化的事实和社会的事实则游离于两

① 廖君湘：《侗族传统社会过程与社会生活》，民族出版社，2005年，第259～260页。

端之间的空间，彼此博弈而较量，并呈现出你中有我、我中含你的状态。但是，这种状态也并非一成不变，却正是因为其两可性，更增添了社会性质和结构的复杂性与需要未雨绸缪似的前瞻审视。美国著名社会学家戴维·波普诺总结了引起社会变迁的原因，[①] 认为引起社会变迁的主要原因可以从非个人的到极为个性化的因素，其中一个极端是属于个人原因的自然灾变，比如一场火山爆发会使良田掩埋在熔岩之下，从而迫使当地居民另谋生路；而另一个极端则是单独个体的执着努力，如甘地为争取结束印度的殖民统治所做出的努力就属于这一类。他还总结了社会学家和人类学家已经注意到要引起社会变迁的七种主要原因：物质环境、人口、技术、非物质文化、文化进程、经济发展和促进变迁的有目的的努力。这一总结符合大多数时候的经验。

面对变迁这一论题，湖南省通道侗族自治县的侗族传统社会呈现给我们最为剧烈的就要数生计方式的变迁了。

受世居地生态环境的影响，侗族人民主要从事农业生产，兼营林业和渔业，是传统的稻作农耕民族。通常，渔业又被附加于种植业。这主要是因为侗族传统社会的养鱼除专门的水塘养鱼之外，还有一种最为普遍和重要的渔业方式，即稻田养鱼。侗族传统种植糯稻，在20世纪50年代人民政府大力推行糯改粘之前，它一直是侗乡粮食生产体系中的主导对象，也是侗乡人民钟爱的生命维系物。侗族传统种植的这种糯稻是一种特殊的稻种，虽然产量较之于后来的粘米要低，但是却稻秆很高。这一特点十分适宜蓄水种植，而蓄水则可以兼顾稻田养鱼和养鸭、鹅等家禽。因之这样的农业生产方式而形成了整个侗族传统社会最严密和连续的食物链，并曾一度成为促进侗族传统社会网络与人际关系再建构的重要媒介。这正如某些人所认为的那样，“二十世纪五十年代以前就已记事的村民们都还能回忆起当初的禾晾、稻田与养鱼鸭。

---

① 参见戴维·波普诺著，李强等译：《社会学》（第十版），中国人民大学出版社，1999年，第621～624页。

种植高秆糯稻、深水蓄田、兼养鱼鸭的传统生计方式链条给侗族村民们‘生’的体验就是：什么都具有联系性，对待问题不能单一、简单、割裂化看待。而现实日常生活中，凡逢节庆、红白喜事、祭祀等活动都缺少不了与‘糯’紧密相连食物的登场，一团一团的糯米总是少不了酸鸭、鱼、肉的配合，这些也都有传统文化遗存的意味深藏其中，并交织着传统与现代的变迁与整合，共同谱写出了阳烂侗族文化的生存生命之歌”[①]。即使之后由于政府的大力推广粘稻种植，糯稻已经濒临绝境，并从侗族人民日常生活饮食的舞台上慢慢淡出，但是在礼物的流动上仍然最生动的还属那一篮一篮贴上红纸的糯米团。[②] 至于林业，侗族地区素有“杉海油湖”之称。在山地上广种杉树和茶籽树是侗族传统社会的林业种植习惯。这些经济林木的种植成为侗族社会生活自给自足最好的补充。

作为以稻作为基础的农耕民族，传统的生计方式让侗族人民紧紧地被捆绑在土地之上。但是，自从改革开放之后，我国加速了现代化的进程，分布于我国西南部、中南部地区的侗族人民亦被卷入了这场巨大的生产、生活方式的变革之中。湖南省通道侗族自治县自 20 世纪 90 年代开始，逐渐对外输出农业剩余劳动力。在工业化和市场经济的作用下，对外劳动力的输出愈演愈烈，直到今天侗族聚居区已经如同我国其他非少数民族农村地区一样，成为让人担忧的 603861 基地。具有中坚力量人口的大量流动，必将带来很多的社会问题，甚至增加了彻底打破侗族传统社会结构的可能性，还在一定程度上削弱了传统社会规范化的乡村治理能力和控制质量。当然，这一幕我们还尚未看见，因为这些中坚力量毕竟还只是离乡不背井，他们的根基和文化认同仍然在侗族传

---

① 舒丽丽：《从“主位”到“他者”的理解——对阳烂侗族栖居文化的人类学解读》，载《原生态民族文化学刊》2009 年第 2 期。

② 据笔者的田野考察，直到今天，侗族社会的通用礼物仍然是用竹篮装的煮熟了的糯米团。甚至有时候，准备这样子的礼物，成为亲缘关系亲疏远近的一种象征，并成为乡土社会无言的乡规民约被传承下去。

统栖息地，而因之文化认同所传递给他们的文化自觉仍然是传统乡土中的那一套，正基于此，也才有了前文中侗族人所诉说的“家里更好玩，所以我们总是逢年过节就想赶回来家里过”的朴实表达。这部分人之所以有这样朴实的表达，最主要的还在于他们一出生，所接受的社会化教育就是系统而严密的传统文化。这正切合了心理学家所认为的：人幼年时期的教育，对于塑造个体的性格占据绝对重要的地位。因之有了传统文化系统化的濡化，对于此时期进城务工的侗族人来说，必然所得的身心仍然是“离乡不背井”的感知。但是，更远点，他们的下一代，那些留守儿童们怎么样呢？下一代成长在一个已经面临着解体危机之下的传统社会，在他们成长的环境中，最具有约束效果的传统文化已经被打了折扣，如此，他们的传统社会过程能否完成，完成的程度怎样，不难推测。而传统社会过程一旦完成不好，将直接危及乡土社会乃至整个国家的治理。思索于此，才有了所谓的“前瞻性审视”：在这样的背景下，如何再建构现代化进程中侗族地区的社会治理模式。

四、变迁中侗族区域社会治理模式的再建构

对“变迁”的关注和研究，是一个重要的民族社会学研究领域。对侗族社会的变迁研究，也不乏成果。姚丽娟和石开忠合著的《侗族地区的社会变迁》以专题的形式论述侗族社会变迁的方方面面；杨筑慧也关注过侗族社会的变迁，她的文章更侧重于生计方式的变迁而对侗族社会产生的影响，她概括了受影响的以下四个方面：生计方式、生活方式、通婚范围、房族功能等。当然，对于侗族社会变迁问题的研究实际上的成果远远不止这些，然而，这些研究成果均呈现出一个特点：就变迁而谈变迁。扩大了来看，这些就变迁而谈变迁的研究，为所谓而狂妄的“前瞻性审视”提供了很好的素材。变迁在整个侗族族群社会的纵深发展，并有可能打破整个侗族社会整合了的有机结构的趋势预测，让任何一名有责任感的观察者都不得不重视起来这个问题，防患于未然地做

好准备，引导好侗族社会及其文化的走向，从而能够更加有力地促进侗族族群社会乃至整个国家社会的良性运行。要主动促进社会的良性运行，势必加强对侗族社会区域治理的干预与引导。而在社会急剧变迁的背景之下，如何通过调整区域社会治理的方略，从而增强社会控制的强度，并最终形成一定的模式的核心问题，成为笔者本文试图回答的内容。

要完成现代化进程中民族地区乡村治理模式的再建构，必须首先对具体民族地区的特殊性进行调研。具体到侗族地区，其传统社会最突出的特点就是其族群文化。侗族文化代表着整个侗民族最重要的特征和心理素质，只有把握好了它，才能理解侗民族文化生境的整体内涵，也才能更好地再建构区域社会的治理模式。

关于“文化”，这是一个众说纷纭的概念，不同学科有不同的解释视角。从文化人类学的界定看，“文化”（culture）一词源自拉丁文（colo），有耕耘培育之义，是文化人类学者必须首先面对的研究内容及概念。1952 年，美国人类学家 A. L. 克娄伯和 C. 克拉克洪在对文化概念进行专门探讨后，出版了《文化：关于概念和定义的探讨》，梳理了从 1871 年泰勒提出文化定义到 1951 年的 80 年间有关文化定义的各种文献资料，共收集了关于文化的 164 种定义。但是，无论文化定义如何不同，抛开物质文化不谈，终是逃不开泰勒文化定义经典性的规束。夏建中在其所著《文化人类学理论学派——文化研究的历史》一书中这样评价：“泰勒是第一个在科学意义上为‘文化’下定义的人，从而为文化人类学的研究对象与范围勾勒了基本轮廓。在《原始文化》‘关于文化的科学’一章中，他开宗明义的指出：‘文化或文明，就其广泛的民族学意义来讲，是一个复合整体，包括知识、信仰、艺术、道德、法律、习俗以及作为一个社会成员的人所习得的其他一切能力和习惯。’这个定义有很大影响，虽然后人对它褒贬不一，但都不敢忽视它的经典性，研究文化的学者几乎都引用这一定义。”[①] 由此可见，人类学家界定的文化，是一个复合的整体，一种集体概念的文化。在张岱年、方克立主编的《中国文化概论》中，将对文化的阐释概括为四种观点，即物质文化与精神文化两分说；物质、精神、制度三层次说；物质、制度、风俗习惯、思想与价值四层次说；物质、社会关系、精神、艺术、语言符号、风俗习惯六大系统说。[②] 虽然对文化概念及其内涵的界定，尚存在着多种多样的观点，但可以确定的是文化共有的特性：1. 文化是共享的；2. 文化是习得的；3. 文化是整合的；4. 文化是以象征符号为基础的；5. 文化是适应性的；6. 文化是变迁的。[③]

结合人类学界对文化的界定，不难看出前文对“侗族传统社会的治理”的论述内容其实质都属于文化概念的范畴，从而在社会治理的层面上来说，文化已经成为一种可被利用的“机制”，在民族传统社会的乡村治理上起着不容忽视的重要作用。概括起来说，文化机制可以成为现代化进程中民族地区乡村治理模式中至关重要的一种方式和手段。在很长一段时间里，学术界曾一度将传统视为一种非理性的产物，而认为具有现代性的事务才是理性的，诸多大家也都抱持着一种经济人的理论假设进行研究，他们认为市场机制能够比其他人为组织更好地解决大多数经济和社会问题。然而，侗族的事实尤其是其人为的组织对于整个传统社会的良性运行所起到的无可替代的作用，给予了整个理论界最响亮的回应：传统尤其是其用以规范社会和加强社会治理能力的制度性文化、精神文化等都毫无疑问地具有理性。这些文化的理性共同构成了整个民族的生存哲学和生命智慧，也是历史积淀给今天

① 夏建中：《文化人类学理论学派——文化研究的历史》，中国人民大学出版社，1997年，第20页。

② 张岱年、方克立主编：《中国文化概论》，北京师范大学出版社，1994年，第4～6页。

③ W. A. Haviland: *Cultural Anthropology*, Orlando, Florida, Harcourt, 1993, pp. 30～39.

的人们的宝贵财富。当然，这些历史遗存下来的文化也有一些糟粕，但这并不是文化传承和历史源远流长的必然产物，而只是在大浪淘沙中无意识附着于精英主流文化才进入文化整体之中的。

具体到变迁了的以侗族为代表的民族地区的乡村治理问题，要想重新建构一个具有前瞻性的模式，首先必须对引起社会变迁的动力有明晰的了解。湖南省通道侗族自治县侗族社会在现代化进程中发生的急剧变迁，最主要的原因来自生计方式的转变而导致的人口流动，而人口的流动破坏了整个社会的结构和促进了社会的分化，并最终导致原本在传统社会中业已系统化了的治理模式的失效。由此，整个传统社会也从同质性向更多的异质性和多样性转变，社会的再整合也就变得必须而迫切了。明晰了这一因果联系，也就能从理性逻辑上对事物以后的发展做好预测与准备。其次，从政府引导干预角度出发，政府要不就彻底抛弃民族的传统及其文化，建构一个全新的与汉族地区完全一致的治理模式。虽然不敢说这样的笨方法是否能收到效果，但是对于执政魄力的需求却是绝无仅有的，甚至可以说是残酷的，世界历史上西方国家对印第安人殖民而带来的对其文化和传统的破坏就属于这一类型，但无论殖民者的野心如何巨大，最终也未能彻底摧毁他们的文化和传统。还有一种方式，就是政府在乡村社会治理上对民族的传统文化加以利用，在促进传统文化现代化的过程中，对传统文化进行合理的改造，使之适应现代化社会的需求而有利于整个民族社会的运行。侗族传统社会组织适应时代的要求转变成老年协会就是代表和一种创新；在民族地区开展双语教育和各种类型的传统文化培训班也在一定程度上解决了儿童一代的传统文化濡化问题；国家各级政府组织开展的文化遗产保护运动也在一定程度上对民族传统文化的保护和传承起到了积极作用。这些举措都为现代化进程中民族地区乡村治理模式的再建构创造了良好的氛围。最后，对于民族文化生境的保护也将有利于传统文化机制在乡村治理模式再建构中作用的发挥。所谓文化生境主要指的是由自然环境、社会环境和文化环境组成的复合生态系统。对这一复合生态系统的保护，也就是保护了供给传统文化存在所需营养的土壤。

五、结语

著名学者皮埃尔·布迪厄说："研究的目的是发现在相对稳定和持久的结构之间跨历史的不变因素或总体关系。"从这一研究目的出发，本文最后得出的结论是：在现代化进程中，民族地区区别于其他地区，具有自己独特的特点，要治理好民族乡土社会，必须从其特殊性着手，建构属于它们自身的乡村治理模式，而对这些民族社会传统理性的合理运用将成为最事半功倍的实践。

（原载《思想战线》2010 年第 3 期，收录进本书时有修订）

二 文化遗产保护中的侗族文化传承

——以湘、桂、黔三省坡区域为例

作为一项国际性命题的文化遗产保护，日益受到全球各国的关注。我国政府及相关部门亦开展了文化遗产保护的各项活动。这些活动既有具实践操作意义的重大举措，如批准国家、省（区）、市（州）、县级重点文物保护单位，建立各级历史文化名城，建立各种类型的博物馆，建立国家、省（区）、市（州）、县级非物质文化遗产名录等，又有从理论上希冀解决我国文化遗产保护方面存在问题的各项行动，如举办各种与文化遗产保护相关联的研讨会、设立各种研究文化遗产保护的理论课题等。正当文化遗产保护行动如火如荼地开展时，对民族文化的保护和传承也收到了来自这一领域的目光。

民族文化作为一个复合而复杂的整体，这与文化遗产概念在某种程度上具有相似性，甚至可以说，民族文化也是属于全人类的文化遗产。正是基于这样的认识，本文选取湘、桂、黔交界处一个叫三省坡的地方作为田野调查点，而将民族文化的传承放在文化遗产保护的大背景之下。面对国家及各级政府日益加大的文化遗产保护力度，民族文化的传承和保护又该在这样的背景之下采取一种怎样的姿态呢？而在具有特殊性的民族文化遗产保护实践中，又给全国文化遗产保护带来的是怎样一种经验呢？这将是本文想要间接回答的两个问题。

一、国际话语下的文化遗产保护

文化遗产是一个国际性的话语。这一话语从产生到现在的全球性通用，经历了一个既漫长又迅速的阶段。说其漫长，是因之在人类浩瀚的历史长河中，文化遗产的现代性内涵直到 20 世纪的下半叶才确立下来，说之迅速却是因为自 20 世纪下半叶开始，到今天短短的数十年中，全球在文化遗产保护中所取得的成绩令人瞩目。为了更好地理解文化遗产保护，这部分将主要介绍文化遗产这一概念的诞生和推广。

（一）概念的普世化

文化遗产这一话语由“文化”和“遗产”两个词语构成。

关于“文化”，这是一个众说纷纭的概念，不同学科有不同的解释视角。从文化人类学的界定看，“文化”（culture）一词源自拉丁文（colo），有耕耘培育之义。1952 年，美国人类学家 A. L. 克娄伯（A. L. Kroeber）和 C. 克拉克洪（Clyde Kluckhohn）在对文化概念进行专门探讨后，出版了《文化：关于概念和定义的探讨》，梳理了从 1871 年泰勒提出文化定义到 1951 年的 80 年间有关文化定义的各种文献资料，共收集了关于文化的 164 种定义。面对文化定义的不确定性，因此有人说，有多少个研究文化的人，也就存在着多少种关于文化的定义。我国学者张岱年、方克立等在梳理了前人的研究成果后，将对文化的阐释及定义总共概括为四种观点，即物质文化与精神文化两分说；物质、精神、制度三层次说；物质、制度、风俗习惯、思想与价值四层次说；物质、社会关系、精神、艺术、语言符号、风俗习惯六大系统说。[①] 虽然对文化概念及其内涵的界定，尚存在着多种多样的观点，但可以确定的是文化共有的特性：1. 文化是共享的；2. 文化是习得的；3. 文化是整合的；4. 文化是以象征符号为基础的；5. 文化是适应性的；6. 文化是变迁的。[②]

就“遗产”来看，据考英文“遗产”（heritage）一词源于拉丁语，指“父亲留下的财产”。虽历经沧海桑田，“遗产”一词的内

---

① 张岱年、方克立主编：《中国文化概论》，北京师范大学出版社，1994 年，第 4～6 页。

② W. A. Haviland: *Cultural Anthropology*, Orlando, Florida, Harcourt, 1993, pp. 30～39.

涵没有根本的改变。然而，到了20世纪下半叶，“遗产”一词从内涵到外延发生了很大的变化。其内涵由原来“父亲留下的财产”发展成为“祖先留给全人类的共同的文化财富”；其外延也由一般的物质财富发展成为看得见的“有形文化遗产”、看不见的“无形文化遗产”和天造地设的“自然遗产”。[①]

由上可以看出，“文化”与“遗产”一开始是两个不同范畴的概念。直到“遗产”内涵发生新的改变，“遗产”与“文化”被联合起来使用的情况愈发引起世人的重视。这一联合使用凸显的内涵转变最先在美国得到了印证。1970年，美国将带有“文化遗产”字眼的世界遗产保护理念写入一部重要的法案——《国家环境政策法》中。该法案认为：自然环境的保护固然重要，但人文环境亦应视为生活环境的重要组成部分。每位国民都应树立起保护人类共同遗产的观念，共同保护国家的历史遗产、文化遗产和民族遗产。之后两年，美国颁布了另外一部宣言——《人类环境宣言》，同时发表了《人类环境行动计划》。《人类环境行动计划》共109条建议，其中第98条建议明确提出了应尽快缔结《保护世界文化及自然遗产公约》。1972年11月16日，联合国教科文组织颁布了以保护人类自然环境与人文环境为宗旨的《保护世界文化及自然遗产公约》（简称《世界遗产公约》），并于同日颁布《各国保护文化及自然遗产建议案》。联合国颁布的这两份文件，使“自然遗产”“文化遗产”以及“世界遗产”这样一些鲜活的字眼迅速传播开来，并成为国际交流中一个重要话题。[②]

对于我国来说，早在以上两份文件颁布之前，就已经开始了自己的具有文化遗产保护方面意味的探索。从以1921年对河南省渑池县仰韶文化遗址发掘为标志的近代考古学开始，我国就进入了不断探索具有文化遗产保护现代性内涵的新阶段。虽然，此后

---

① 参见顾军、苑利：《文化遗产报告——世界文化遗产保护运动的理论与实践》，社会科学文献出版社，2005年，第1页。

② 同上，第2页。

受政治局势的影响，文化遗产保护方面的工作也受到了波及，但毕竟仍然还是薪火传递着。直到近十年来，我国在文化遗产保护方面的探索，越来越重视与国际的协作和交流，从而开创了我国文化遗产保护的新局面。联合国教科文组织启动的“人类口头及无形文化遗产代表作”项目的申报和评估等工作，我国均积极参与其中。2001 年 5 月我国的昆曲艺术进入第一批《人类口头及无形文化遗产代表作名录》，2003 年 11 月我国的古琴艺术又顺利进入第二批《人类口头及无形文化遗产代表作名录》。此外，我国还自始至终参与了联合国组织制订《保护无形文化遗产公约》的工作，并于 2004 年 8 月，正式加入该公约，并成为该公约的缔约国。这些工作和成绩都表明了我国正积极地参与到国际话语体系下的文化遗产保护中来，也一直都在尝试作出自己的贡献和努力。

（二）内涵及分类

1972 年颁布的《保护世界文化和自然遗产公约》为文化遗产的定义作出了明确界定。该公约第 1 条规定了文化遗产的范围有：古迹（从历史、艺术或科学角度看，具有突出的普遍价值的建筑物、碑雕和碑画，具有考古性质的成分或构造物、铭文、窟洞以及景观的联合体）、建筑群（从历史、艺术或科学角度看，在建筑式样、布局或与周边景色之协调方面具有突出的普遍价值的单体或建筑群落）和遗迹（从历史、审美、人种学或人类学角度看，具有突出的普遍价值的人造工程或人造景观与自然景观合二为一的遗址以及包括有考古遗址区）。这一界定虽然为世界文化遗产的保护确定了十分明晰的对象，但受时代的局限，这一定义还存在不足。它突出的保护对象仅局限于具有“普遍价值”的不可移动物质文化遗产，缺乏对不可移动物质文化遗产保护的全面性，且对可移动的物质文化遗产和非物质文化遗产缺乏保护。[①]

正是基于对以上界定局限性的认识，国际话语体系之下的文

① 参见朱祥贵：《文化遗产保护法研究——生态法范式的视角》，法律出版社，2007 年，第 153～154 页。

化遗产保护内涵及分类成为各国首先必须解决的问题。就我国来说，受业内人士比较赞同的文化遗产概念是："所谓'文化遗产'，即指人类社会所承袭下来的前人所创造的一切优秀文化。文化遗产又可细分为有形文化遗产和无形文化遗产两大部分。但由于自然遗产与文化遗产具有着天然的联系，所以，人们也常将自然遗产一并纳入文化遗产行列实施同步保护。"[①] 国务院《关于加强文化遗产保护的通知》文件中，更是明确地划定了我国文化遗产的内涵："文化遗产包括物质文化遗产和非物质文化遗产。物质文化遗产是具有历史、艺术和科学价值的文物，包括古遗址、古墓葬、古建筑、石窟寺、石刻、壁画、近代现代重要史迹及代表性建筑等不可移动文物，历史上各时代的重要实物、艺术品、文献、手稿、图书资料等可移动文物；以及在建筑式样、分布均匀或与环境景色结合方面具有突出普遍价值的历史文化名城（街区、村镇）。非物质文化遗产是指各种以非物质形态存在的与群众生活密切相关、世代相承的传统文化表现形式，包括口头传统、传统表演艺术、民俗活动和礼仪与节庆、有关自然界和宇宙的民间传统知识和实践、传统手工艺技能等以及与上述传统文化表现形式相关的文化空间。"[②] 国务院文件的这一界定，为我们研究文化遗产的保护提供了最为明确的内容指向。

二、侗族文化遗产的保护

我国少数民族文化作为整个中华民族文化体系中重要的一员，对其具体文化遗产的保护，业已被纳入了国家文化遗产保护体系之中。就侗族这一族群来说，结合国务院文件关于文化遗产内涵及分类的界定，侗族的文化遗产既包括物质性的部分，又包含非物质性的内容。

---

① 参见顾军、苑利：《文化遗产报告——世界文化遗产保护运动的理论与实践》，社会科学文献出版社，2005年，第5页。

② 参见2005年12月22日国务院下发的《关于加强文化遗产保护的通知》。

（一）侗族文化遗产保护的内容

从国家制度保护体系出发，被列入政府及相关部门保护范畴的侗族文化遗产主要通过“保护单位”“保护区”和“名录”等得到了反映。[①]

1.侗族物质文化遗产

①文物古迹保护单位

序号	文物保护单位名称	级别	地　　址	年代
1	马田鼓楼	国家级	湖南通道县坪阳乡马田村	清代
2	芋头侗寨古建筑群	国家级	湖南通道县双江镇芋头村	清代
3	坪坦风雨桥	国家级	湖南通道县坪坦乡、陇城镇	清代
4	地坪风雨桥	国家级	贵州黎平县地坪乡	清代
5	黎平会议会址	国家级	贵州黎平县德风镇	近代
6	程阳永济桥	国家级	广西三江县林溪乡	近代
7	邑团桥	国家级	广西三江县独峒乡邑团村	清代
8	马胖鼓楼	国家级	广西三江县八江乡马胖村	近代
9	阳烂鼓楼	省级	湖南通道县坪坦乡阳烂村	清代
10	横岭鼓楼	省级	湖南通道县坪坦乡横岭村	清代
11	白衣观	省级	湖南通道县播阳镇	清代
12	兵书阁及文星桥	省级	湖南通道县锅冲乡占字村	清代
13	陈团寨门	省级	湖南通道县菁芜洲镇陈团村	清代
14	何腾蛟墓祠	省级	贵州黎平县德风镇	清代
15	纪堂鼓楼	省级	贵州黎平县肇兴乡纪堂村	清代
16	吴文彩墓	省级	贵州黎平县茅贡乡腊洞村	清代
17	南泉山	省级	贵州黎平县德风镇	明代
18	历史文化名城	省级	贵州黎平县德风镇	明代
19	两湖会馆	省级	贵州黎平县德风镇	明代
20	肇兴鼓楼、风雨桥	省级	贵州黎平县肇兴乡肇兴村	清代
21	秦溪凌云塔	省级	贵州黎平县敖市镇秦溪村	清代

① 由于篇幅有限，下表仅列省（区）级及以上级别的各项保护单位及名录。

续表：

序号	文物保护单位名称	级别	地　　址	年代
22	述洞鼓楼	省级	贵州黎平县岩洞乡述洞村	清代
23	高进戏台	省级	贵州黎平县茅贡乡高进村	清代
24	登岑粮仓群	省级	贵州黎平县茅贡乡登群村	清代

②自然保护区

万佛山风景名胜区：位于湖南省通道侗族自治县境内，总面积一百多平方公里，包括万佛山、独岩、将军山、神仙洞、七星山、钩岩、鹞岩、紫云山等八大自然景区。目前正拟与百里侗文化长廊联合申报国家级风景区、国家自然遗产。

九龙潭大峡谷水利风景区：位于湖南省通道侗族自治县坪阳乡境内，与广西的龙胜县和三江县相接。2003 年 10 月 9 日被水利部列为“国家级水利风景区”。

黎平国家级森林公园：于 2004 年 12 月获国家林业局批准建设，面积 5475 公顷。

2.侗族非物质文化遗产名录

序号	名称	类别	级别	主要传承人
1	侗族织锦技艺	传统手工技艺	国家级	粟田梅
2	侗族芦笙	传统音乐	国家级	杨枝光
3	侗戏	传统戏剧	国家级	吴尚德
4	侗族大歌	民间音乐	国家级	吴品仙、吴玉梅、吴学桂等
5	侗族琵琶歌	民间音乐	国家级	吴玉竹、吴仕恒、吴显奇等
6	侗族鼓楼花桥营造技艺	民间建筑	国家级	陆文礼、陆继贤等
7	祭萨	民间信仰	国家级	蓝荣辉、陆海安等

续表：

序号	名称	类别	级别	主要传承人
8	侗族木构建筑营造技艺	传统手工技艺	国家级	
9	大戊梁歌会	民间习俗	省级	
10	侗族喉路歌	民间音乐	省级	
11	侗款	民间文学	省级	
12	侗族“月也”习俗	民间习俗	省级	
13	侗族摔跤	传统体育	省级	韦海光等
14	侗族习惯法	民间习俗	省级	
15	君琵琶	民间音乐	省级	姚成仁等
16	侗族河边腔	民间音乐	省级	石朝进等
17	侗族蓝靛靛染技艺	民间技艺	省级	
18	四十八寨侗族服饰	民间技艺	省级	

（二）国家制度体系下的侗族文化遗产保护措施

就国家文化遗产保护制度体系来说，主要分为中央和地方两种建置。[①]

在中央，文化遗产保护工作主要由文化部、国家文物局、教育部、国家轻工业局等多个部委共同负责。其中文化部负责民间文学、民间文艺等无形文化遗产方面的保护及联合国教科文组织《人类口头及无形文化遗产代表作名录》的申报工作；国家文物局负责小型有形文化遗产及建筑类大型有形文化遗产的保护；教育部负责联合国教科文组织文化及自然遗产的申报工作；而林业部、国土资源部等单位则主要配合教育部做好联合国教科文组织的自

① 参见顾军、苑利：《文化遗产报告——世界文化遗产保护运动的理论与实践》，社会科学文献出版社，2005 年，第 146～148 页。以下介绍的中央和地方两种建置的具体内容亦来引自此书。

然遗产申报工作和中国领土内的自然遗产保护。如遇具体问题需要各部委协商时，文化部则可通过各部委联席会议方式协商解决。在文化部下设的众多机构中，文化遗产的保护工作是由社会文化图书馆司负责组织并实施的。该司的主要职责是：管理社会文化事业，研究拟定群众文化、少数民族文化、少年儿童文化、各类图书馆等社会文化事业发展规划并组织实施；推进图书馆间协作和标准化、现代化建设，指导图书文献古籍保护工作；协调全国性重大社会文化活动。该司下设群众文化处（少年儿童文化处）、图书馆处、少数民族文化处、综合指导处等职能处室。无形文化遗产的保护及国家级无形文化遗产名录的制定等工作主要由少数民族文化处负责实施。文化部下还设中国艺术研究院。为配合文化部民族民间文化保护工程，该院于2003年成立非物质文化遗产研究中心及民族民间文化保护工程国家中心。前者主要负责联合国教科文组织《人类口头及无形文化遗产代表作名录》的申报、评审事宜，后者主要负责文化部民族民间文化保护工程的具体实施。

就地方来看，在文化遗产管理方面，我国政府采取了多头管理模式，即各相关部委都有相应的职权范围。在这个体系中，各部门在业务指导上都有一套自上而下的垂直管理系统，但这些单位的行政隶属关系又分属各自的地方政府。在这一管理体制中，各地方政府中的文化厅（局）等有关部门是民族民间文化保护工程的直接责任人，专门负责当地民族民间文化遗产的调查、整理、建档、保存、传承、传播与活用。

受国家文化遗产保护的制度体系影响，三省坡区域侗族文化遗产的保护在行政体制领导上受以上中央和地方两种建置的制约。根据中央和地方政府就文化遗产保护形成的各项政策和制度，三省坡区域的文化遗产保护形成了以“保护单位”“自然保护区”和

“名录”等形式为主体的保护体系。[①] 这从上述侗族文化遗产保护的内容可窥一斑。然而，就这样具体的保护体系做法，是不是也造成了一种错觉，一种三省坡的侗族文化遗产就仅仅只有这些上了“保护单位”“自然保护区”“名录”等的各个项目么？这一问题不由自主引出了本文对文化遗产保护中侗族文化传承的思考。

三、对文化遗产保护中侗族文化传承的思考

三省坡是一个以侗族为主体的民族区域，这里被视为南部侗族传统文化保存最好的区域之一，这一区域有着十分丰富的民族“活态”文化。就文化的复合整体来说，包括知识、信仰、艺术、道德、法律、习俗以及作为一个社会成员的人所习得的其他一切能力和习惯[②]，虽然，这一概念只是指出无形的非物质文化，但这一概念定义所包含的各个文化要素都是一种“活态”的。它们具有所有非物质文化都共有的特性：可共享，可习得，可整合，以象征符号为基础，可适应，可变迁。这些“活态”文化区别于上述的以“保护单位”“自然保护区”等为代表的物质文化遗产，具有更广大的生命性。正是基于“活态”文化这样的特性，具有远见的政府决策制定者们突出了“与传统文化表现形式相关的文化空间”的重要性，这些“相关的文化空间”也被列入了非物质文化遗产的范畴。但是，也因此从某种意义上似乎出现了矛盾：国

① 目前，国家已经意识到对非物质文化遗产来说，保护的不仅仅是各种文化表现形式，更要保护与这些文化表现形式相关的文化空间。国家业已开始了通过民族民间文化保护工程的方式来解决文化及其背后空间保护问题的尝试。但是，这样的尝试面对的受众面积，大到整个中国范围内的云南省、苏州市、湘西土家族苗族自治州等6个区域性试点，以及新疆维吾尔族木卡姆、西藏昂仁县迥巴藏戏、西安鼓乐、天津杨柳青木版年画等专业性试点34个。这些试点虽然对于解决某些问题起到了一定作用，但是仍然没有从更细致的方向去解决怎么保护和传承的根本性问题，对整个中华文化的多样性组成部分采取整齐划一的保护与处理方式也略显泛力。多元一体的中华民族文化体系本身的各组成因子就各有特殊性，用一套方案来“包治百病”，其疗效如何，可以想象。

② 夏建中：《文化人类学理论学派——文化研究的历史》，中国人民大学出版社，1997年，第20页。

家乃至全世界轰轰烈烈地上演着的类似“非物质文化遗产名录”“口头及无形文化遗产代表作名录”之类的申报、评估工作，有将“传统文化表现形式”从其“文化空间”中抽离出来的嫌疑。从三省坡侗族非物质文化遗产名录中只提“侗族芦笙”“侗戏”“侗族琵琶歌”“侗族大歌”等，却完全未涉及这些文化表现形式背后的“生存空间”载体就可看出端倪。出现这样仿佛可以算得上是“矛盾”的做法，辩驳者们可以这样解释，这些“名录”似的做法只是选取一些代表作，为了更突出文化遗产保护中亟待解决保护问题的文化表现形式。如果那样的话，这与1972年联合国定义的文化遗产指某些“具有突出的普遍价值的”遗产具有同样的局限性，否则也就完全没有必要掀起此后的各国关于修改文化遗产定义的举动了，也就更不会有我国国务院下发的《关于加强文化遗产保护的通知》中那么明晰地对文化遗产中物质文化遗产及非物质文化遗产的界定了。更有甚者，如果这样的辩驳成立的话，是否也是承认文化本身有“先进”与“落后”之别，那样的话，对于“文化相对主义”[①] 的普世理念也将成为一个极大的讽刺。

这样的纠结，也许正源自现有文化遗产保护体系中存在的一些令人迷惑的误区。

---

① 文化相对主义理论认为“衡量文化没有普遍绝对的评判标准，因为任何一个文化都有其存在的价值，每个文化的独特之处都不会相同，每个民族都有自己的尊严和价值观，各族文化没有优劣、高低之分；一切评价标准都是相对的”。（参见夏建中：《文化人类学理论学派——文化研究的历史》，中国人民大学出版社，1997年，第72～73页。）文化相对主义的提倡者弗朗兹·博阿斯（Franz Boas）用其相对主义理论作后盾，缔造了“文化历史论”，这一理论“很快就荡涤了充斥美国学术界的‘种族优越论’的气氛，并因此赢得了大批的追随者。因为，在19世纪末20世纪初的美国，博阿斯的自然科学知识基础、完整良好的教育背景、欧洲深厚的学术空气的涵养，使得米基、鲍威尔、布林顿这些人看起来就像是‘乡下佬’。今天，不少学者认为，博阿斯是美国第一个宣称种族平等的科学家，他曾因此在一战和二战期间，成为美国联邦调查局的监控对象”。（参见夏建中：《文化人类学理论学派——文化研究的历史》，中国人民大学出版社，1997年，第73～74页。）

（一）体制的“僵硬”，需要的是调动一切积极因素

就我国来说，现有的文化遗产保护体系中占主导力量和地位的仍然是政府及其相关部门。而受我国中央和地方两种建置的影响，对文化遗产的保护会出现政出多门，最后谁都不全管、主管的“放羊”状态。另外，本应对政府决策起到很好咨询及建议作用的非政府社团组织在文化遗产保护体系中仍然处于“缺席”的状态。

最主要的还有，被保护文化遗产的乡土持有者们作为这些文化遗产最直接的继承人和受用者，他们在整个文化遗产保护过程中的地位和重要性并没有被突显出来。具体到三省坡区域的侗族非物质文化遗产保护，就目前的做法来看，也仅仅只是为数量极少的几名主要传承人提供微薄的补贴和建立个人档案。这样的做法并没有调动广大文化持有者本身的积极性，相反还会从某种程度上隔绝广大文化持有者与文化遗产之间的血肉亲缘，因为这些文化遗产对于外界来说，似乎已经被贴上了这些选定的“传承人”的标签，变成了个人的“专利”，从而将这些原本具有适应性和广大群众基础的非物质文化“束之高阁”，变成真正的“遗产”，而非是一种可传承的具有广大生命力的“活态”文化。

（二）内容的“界限”，需要的是再现文化生境的氛围

从目前一些做法来看，博大的文化遗产，尤其是民族文化遗产是被割裂起来，而从中仅抽取一些文化表现形式进行保护。这些文化表现形式犹如被强行野蛮撕开的连体婴儿一样，有的只是个体生理上的单独性，而缺少了作为一个个体该有的鲜活性、独立性与完整性。文化本身就是一个复合的整体，这个整体具有业

已整合了的有机生命特征,[1] 将其中任何一部分单独拿出来，都可能会面临着损坏生命有机体统一而协调的机制的危险。具体到三省坡侗族文化遗产的保护上，国家制度体系列出了诸如前文那么多的具体保护对象，如文物古迹保护单位、自然保护区、非物质文化遗产名录等，都在一定程度上忽略了侗族文化是一个连续性的整合的生命有机体。这一生命有机体要不不接受外界的干预引导，让其在现代化的大浪淘沙中自我调适，完成新的整合与涵化，要不就不能只顾要立竿见影似的迅速效果而采取“头痛医头、脚痛医脚”的诊治方法，将“鱼从水中捞出来养在空气里”的做法只会加速对象的灭亡。

国务院下发的《关于加强文化遗产保护的通知》明确地指出了非物质文化遗产保护中，要将与传统文化表现形式相关的文化空间涵括进来。这一指向具体到三省坡区域的侗族文化遗产的保护中来说，就是要再现侗族文化生命有机体的文化生境氛围。这一生境氛围主要指的是自然环境、社会环境和文化环境组成的复合生态系统。只有将这一复合的生态系统与文化表现形式结合起来保护，才能收到“将鱼养在活水中”的效果。这一点对于具有特殊性的民族文化遗产保护来说至为重要。

---

① 笔者对文化生命有机体的认知，主要来源于斯宾塞“社会有机论”的理论。斯宾塞认为，社会是个有机体，与生物有机体之间存在着四点主要相似之处：生长过程的相似性，指社会规模由小到大的变化；结构进化的相似性，指社会组织形式由简单到复杂的变化；功能分化的相似性，指与结构进化而相伴相生的功能多样化；相互依赖的相似性，指执行各种不同功能的社会各部分之间的相互联系与制约。同时，斯宾塞也指出了社会有机体与生物有机体之间的不同点：生物有机体是一个具体的整体，它的各个部分结合紧密，而社会有机体则是一个松散的整体，组成它的个体相对是自由和分散的；生物有机体中，意识集中于机体的一定部位，其他部位缺少感受能力，而在社会有机体中，意识遍布于组成它的各个个体身上，因此，它的每一个成员都有大体相当的感受能力；生物有机体中，部分与整体的关系是部分为整体而存在，而社会有机体则是相反，整体是为其部分即成员的福祉服务。（参见夏建中：《文化人类学理论学派——文化研究的历史》，中国人民大学出版社，1997年，第15～16页。）

（三）目的的“遮蔽”，需要的是明确保护也是为了传承

对于非专业的普通大众来说，文化遗产保护的终极目的并没有得到很好地传播与理解。对文化遗产的保护行为，似乎也并没有有多深入到普通大众的心目中。保护就单纯只是政府及其相关部门、文化精英人物自唱自演的一出戏。而在这些相关的保护行政部门，甚至文化精英人物中，也存在一种误区，他们只知道这个文化遗产很好，是祖宗留下来的宝贵财富，要保护好。但是，难道保护好，就完了么？保护好、将之“供”起来，并不是文化遗产保护的终极目的。文化遗产保护的终极目的是为了传承文化。

具体到三省坡区域，这里的侗族族群标志就是其特有的文化及其遗产，将这些特有的文化及其遗产只是做一种静止而凝结的保护，不去传播、继承、发扬其生命力，不去通过合理引导、加强其文化自觉性，将带来的是不可想象的毁灭。从某种程度来说，文化遗产尤其是具有特殊性生命力的少数民族文化遗产的保护，需要加强对文化传统本身理性一面的思考和借鉴，假如能够充分调动起“活态”民族文化遗产的理性和自觉性，[①] 那么，对文化遗产保护的终极目的“传承”也将获得事半功倍的效用了。

四、结语：从保护到传承

文化遗产保护的终极目标是为了传承文化，而面对如此庞杂的文化复合体系，如何做到更好地发挥文化遗产保护这一行动的美好意愿，将是本文想在结束语中简单总结的内容。当然，文章无意于建构一种宏大的叙事和理论，既然本文讲述的内容也只是从对侗族文化遗产的保护实践中引申出来的，那么，就最后再阐述下自我对少数民族文化遗产保护的看法。

---

① 关于文化具有理性和自觉性的看法，笔者曾在《文化自觉与文化认同——怒江峡谷丙中洛地区民族宗教文化关系的变迁》（载《西南边疆民族研究·5》，云南大学出版社，2007 年）和《传统与现代间的彝族文化探析——以松子园彝村为例》［载《广西民族大学学报》（哲学社会科学版）2009 年第 2 期］两篇文章中略有讨论，于此不再赘述。

少数民族文化遗产区别于其他类型的文化遗产，具有自我特殊的性质。虽然在全球化进程急剧加速的今天，少数民族文化及其遗产可能面临着消失的危机，但是文化多元主义论调的追随者们总是有足够的信心认为任何多样性的文化尤其是少数民族族群的文化都可以凭借他们自身的韧性完成自我文化体系的涵化、调适，只是这样的过程显得太过于漫长。也许，我们总得选择积极地干预，而不是静观其变，因为这样漫长等待的实验一旦失败，任何人都无法承受其重。

对少数民族文化及其遗产的保护与传承如何实施干预，这一命题显得迫切却千头万绪。但是毫无疑问的是，首先必须有完整而系统的田野实地调研，只有在田野实地调研的基础上，才能真正明白少数民族文化及其遗产是怎样自我传承着的，也才能找到最好的方式强化其自我的传承能力。由点及面，通过先后三次前往三省坡进行相关方面的田野实地调查，笔者发现至少有三方面的行为可以达到以上目的：增强少数民族对自我文化的自信心与自豪感；加强文化生境中的少数民族文化自我延续力；挖掘市场经济条件下少数民族文化的生命价值。坚持从这三方面着手，相信我国文化遗产保护中的少数民族文化传承一定能够做得更好。

［原载《湖南省博物馆馆刊》（第六辑），2010 年，收录进本书时有修订］

三　宏大叙事背景下的族群历史与文化多样性
——兼谈“湖南人——三湘历史文化陈列”的策展

按：2019年国际博物馆日主题是“作为文化中枢的博物馆：传统的未来”。博物馆在保持其原初使命——收藏与保护、研究、展览、教育的同时，也在逐步增加新的功能，使自己与广义的社区保持更加紧密的联系，也正在寻找创新的方式来解决当代社会问题和冲突。本书收录此文旨在间接表达博物馆采用何种方式来回应民族文化的传承与发展，博物馆如何利用展览的方式守住传统的根与魂，从而将博物馆的独特声明与其所属的社区紧密联系起来，使之不但成为关于民族历史、记忆与认同的永久的人类遗产基因库，而且成为文化遗产传承与保护的最牢固甚至最后防线。

聚焦博物馆的策展，近年日益重视“叙事”，“博物馆的展览就是讲故事”论断出现于大大小小的各种层次策展会议及论坛。姑且不论这样的总结是否切题，是否能够概括一切策展实践，但显而易见“叙事”的炙手可热及其字面意思，甚至成为这一概念“初衷”的最大遮蔽，正在于“叙事”的泛滥。而结合湖南省博物馆新馆基本陈列“湖南人——三湘历史文化陈列”中“民族大家庭”策展的思考与经验，试图梳理在宏大叙事的背景下，如何处理整体与个案、时间与空间、历时与共时等的关系，一度是这一基本陈列希冀在策展学理方面探讨的关键问题。

一、“湖南人”的大叙事与“民族大家庭”的“小视角”

“湖南人——三湘历史文化陈列”旨在通过博物馆的叙事方式，以物为核心，向观众传达数万年以来，生活在“湖南”（这里特指当今行政区划概念里的湖南地域）这片土地上的生灵，尤其是我们自身所发生的事。以“我们”——人类这一类群为主角，在特定的地域内，不同的历史时期，如何获取生命本体存继的生存资源及满足不同层次生活需求，并最终凝结成怎样的“湖南人”之整体性格为主线，辅之以历史时间的流动、社会大背景的变迁、政权的更迭等诸多变动不居的元素，共同连绵出一幅波澜壮阔的生活图卷。

博物馆陈列展览不同于以文字为载体的书写方式。我们有著书立说、青史流传的深远传统，也有口耳相传的吟唱史诗，还有千百年来巍然屹立于风雨中不倒的不可移动文物，更有在进入20世纪以来，大量通过科学考古发掘来的遗址遗迹遗物，这些都可以成为博物馆陈列展览源源不断的信息与展品来源。但博物馆作为独立事物的本质，就在于要以“文物”说话，以“物”展示历史和文化。因而，“湖南人——三湘历史文化陈列”的难点既在于“文物”之自然属性与其所要反映历史文化的复杂性、综合性、连续性、多样性之间的矛盾，又在于文物本身并不会说话，文物需要解读，无形中会彰显出策展人更多的主观性。盘点“湖南人——三湘历史文化陈列”所能集中的全部文物，与源远流长的湖南历史文化发展相比，可见前者碎片化、片段性的先天不足。当然，这样的问题几乎是所有博物馆策展人都必须面对的难题。2017年在上海博物馆举办的“大英博物馆百物展：浓缩的世界史”，仅仅凭借100＋1件展品，便构建出一幅全球史，因而在宏大的叙事背景下，以博物馆的方式，解读和剖析“我者”与“他者”不失为可以追求的博物馆特定展陈之价值。

“湖南人——三湘历史文化陈列”分“家园”“我从哪里来”“洞庭鱼米乡”“生活的足迹”“湘魂”五大部分。“家园”主要讲述湖南生态环境和动植物的变迁，以及以时间轴的方式交代了湖南不同历史时期的重要事件、遗址遗迹等。“我从哪里来”以第一人称追溯不同历史时期的湖南人，主要分为“先祖”——介绍最早的湖南人，“早期族群”——介绍可以追溯到的最早的土著族群，“商人南下”“楚人治湘”“北人南迁”“江西填湖广”则主要介绍不同历史时期汇集而至湖南的外地人，以与本地土著族群相区别，也同时因之人口流动、族群融合、文化交流互动，最终造就出今天绚烂多姿的湖湘文化、多族群和谐共生的“民族大家庭”格局。“洞庭鱼米乡”基于湖南自古以来在稻作农业方面具有的天然优势，主要介绍湖南人如何获取生活资料，以满足种族的繁衍和个体生命的存续，从“稻之源”“稻之兴”到最终“天下粮仓”的发展历程，见证了湖南鱼米之乡的丰饶。“生活的足迹”尽量从普通大众的生活角度，在更宏大的时空背景下，分为商至西周、春秋战国、秦汉、晋至唐、宋至明、清至民国等时段，取题“青铜时代的南方礼乐”“湘楚风情”“大一统下的小农家居”“多元文化交融的社会风尚”“重心南移后的品质生活”“从宗族社会到近代化”，既表现共性中的特殊性，又以个案的方式折射共性面貌，如长沙浏城桥楚墓，安乡西晋刘弘墓，长沙金盆岭墓、咸家湖唐墓，会同高椅唐家老屋等的整体展示，从而呈现出湖南主体人群“和而不同”的生活方式与风俗习惯。当然，这部分对时段、内容体系的划分，很难有严格且整齐划一的标准，我们尽量找出同一时段中的题材主线，甚至可能因主线的关联，而相对超越时代的区隔。“湘魂”部分分为“忧乐观的濡化”“书院教育的传承”“百折不挠的家国情怀”“敢教日月换新天”四个单元，通过追溯湖南人千百年来性格的形塑过程，重点突出屈贾爱国忧民思想的洗礼、书院教育主导士人精神的传承、近现代仁人志士的家国情怀，从而可圈可点地呈现出湖南人开拓创新、血性担当的性格特点。

从“湖南人——三湘历史文化陈列”的上述整个叙事体例可以看出，整个陈列谋篇布局显性、隐性线索相互支撑，主线、辅线共同烘托突出主题，将看起来零碎、片段化的社会事实串接起来，而区别于政治史、王朝史、考古学等，尝试建构起一种重新诠释历史与文化的展陈体系。显然，在这样的体系中，“民族大家庭”要表达的既是一种定格的现实存在，同时却又不是凝固不变的定格，而是“前有古人”“后有来者”的变迁过程。具体到湖南“民族大家庭”格局的形成，既打下了数千年来土著先民与外来先民交融共生的痕迹，这在后文中对展示素材的分析中将会详细提到，同时又昭示了湖南民族（族群）未来发展的轨迹。[①] 在对具体文化类型的展示时，除展示湖南有特殊物质文化载体——“文物见证”的几个民族——土家族、苗族、侗族、瑶族等具有标签识别性的展品之外，还对被誉为是世界上唯一的性别文字——女书进行了专门展示。而为避免“民族大家庭”部分与前部分“先祖”“早期族群”“商人南下”“楚人治湘”“北人南迁”直到第六部分“江西填湖广”在时间上的巨大割裂，[②] 我们有意在“民族大家庭”开篇之后，设置了“缓冲环节”[③]，如“朝廷对‘蛮夷’的管理”“土司制度”的小组内容，此外作为衔接最近的小组内容，则是对“少数民族习俗画”的展示。“少数民族习俗画”有多种命名，版本多样，册页数目亦是不计其数，湖南省博物馆不完全成套的既有两种版本，还有湖南私人藏本亦是见于流传。十余年前贵州人民出版社出版的《〈百描图〉抄本汇编（上、下）》仍然保持着桂冠——迄今辑录各种“少数民族习俗画”版本最多且比较解析相对系统的著作，而在其基础上延伸研究的诸多著述，不乏对“百苗”中与今天之湖南民族的对应渊源有所考辨。将前人研究的成果直接转化为陈列展览的实践，为本陈列从众多“少数民族习俗画”册页藏品中遴选展品，提供了参考标准和学术支撑。

陈列展览毕竟不同于著书立说——可以做到“面面俱到”，“民族大家庭”的策展显然无法跳出博物馆陈列展览叙事的窠臼，但是仍然需要我们尽力在碎片化、间断性、凝固化的历史尘埃里

① 需要强调的是，“湖南人——三湘历史文化陈列”及本文所有“民族”一词与政治语境中的“民族”“民族主义”概无关系，其强调的是文化多样性背景下的中国习惯用法的“民族”，是“去政治化”的民族概念，可以简单将之理解为在一定生境、时间范围内具有（事实或观念信仰上）共同祖先来源、语言（方言）、知识、信仰、艺术、道德、法律、风俗等的人群共同体。

② 且这几部分的策划在体例上也并非完全统一。

③ “缓冲环节”是为更好地从今向古溯源，对族群演变有交代，并对历史上官方如何治理族群聚居区有所涉及。

寻找各种可能的关系，从而将之组合成特殊的历史，以线条化、网络化的叙事方式传达给观众，并希冀引发共鸣和反思，与此同时倘若这样的人为建构历史能够最大程度反映真实的历史，我们策展人也便离内心所追求的成功的策展越近。此外，针对活态的民族多样性文化，引入数字化遗产技术，可以解决很多难题，能够让“民族大家庭”从视觉与互动上有全新的突破，这也是构建新型民族志博物馆展陈的重要途径和手段。

二、“民族大家庭”的馆藏品资源与展品基础

博物馆应该是文化遗产尤其是物质文化遗产传承与保护的重要防线。博物馆性质决定使命，而其独特叙事方式[①]，则重点围绕藏品与陈列展览开展。所谓博物馆藏品，主要指的是包括直接资料（如实物）、间接资料（如模型、复制品、记录等）以及图书文献在内的全部博物馆资料。[②] 而博物馆陈列展览指的则是“在一定空间内，以文物标本为基础，配合适当辅助展品，按照一定的主题、序列和艺术形式组合成的，进行直观教育、传播文化科学信息和提供审美欣赏的展品群体”[③]。“湖南人——三湘历史文化陈列”中“民族大家庭”依托湖南省博物馆馆藏资源，对能反映这一主题的藏品进行集中展示。

就像是“鸡生蛋，还是蛋生鸡”的话题一样，博物馆陈列展览是“先有展品，再提炼主题”，还是反之亦可，或者两者同时进行皆可，长期困扰着博物馆策展人。笔者却一直认为这是一个伪命题，是受二元对立思维方式影响所致。新时代创新的基础在于对来自各个层级的一切信息、大数据进行有效占有和消化利用。线条化的非此即彼早就显得不合时宜。更何况，新技术手段的日

---

① 舒丽丽、陈建明：《博物馆叙事方式刍议》，《湖南省博物馆馆刊》（第九辑），2013年，第637页。

② 王宏钧主编：《中国博物馆学基础》（修订本），上海古籍出版社，2001年，第41页。

③ 同上，第246页。

新月异及其在博物馆的运用，已经成为促使博物馆的藏品与“物”、策展理念突破传统藩篱的新生力量。因此，“花开两枝”，分头表述，言及展品的遴选，我们依据的是整个陈列尤其是“民族大家庭”的策展主题和内容来推衍的。事实上，没有清晰了解博物馆藏品家底的基础，是无法合理而科学策划出展陈的主题与内容。

“民族大家庭”展品主要来源于馆藏民族民俗文物资源。湖南省博物馆现有藏品 18 万件（套），其中民族民俗类珍贵文物近 3000 件，都具有特定历史、艺术、科学价值。民族民俗文物多数属于近现代文物，套用国家文物局关于近现代文物征集参考范围，可以看出其历史价值的判定除时间之外，还要注意：1. 在样式上反映风俗习惯之历史传承的内容。2. 具有地方特色的证明社会生活或风俗习惯发生变迁的。3. 对某项历史或民俗的事件具有纪念的意义。4. 近现代著名匠师和艺人以及作坊和店铺（老字号）的代表性作品或产品。而判定艺术价值需要注意：1. 物品的造型或装饰具有重要的审美意义。2. 在民间艺术或传统造型艺术史上具有重要的意义与地位。3. 在传统造型艺术领域中有着鲜明的地域风格或流派特色。4. 在岁时风俗、节庆活动以及民间信仰等仪式中使用并具有一定的审美意义。5. 以造型或装饰的方式表现或反映民间社会生活的形态或类型。科学价值则需要注意：1. 在民间社会生活中具有特色的文化意义。2. 在物品的结构、功能或造型上以一定方式表现出民众的智慧。3. 在使用或娱乐的过程中能够传承知识或训练思维能力。4. 表现传统造型艺术之技术的方法或手法特别优秀。5. 引进技术使之本土化并在制作技术上又有发挥创新，达到相当程度。[①] 由此可见，民族民俗文物价值的判定是十分复杂的，并且与活态的现实生活息息相关。而受时代局限，很长一段时间以来，我们对民族民俗类文物的征集，偏见地仍然是更多关注在具象的“物证”上。即便是国际行业组织对博物馆的

---

① 安廷山主编：《中国民族民俗博物馆概论》，紫禁城出版社，2009 年，第 38～39 页。

定义，也是直到2007年才进一步扩大了其对“物”的理解。国际博协2007年博物馆定义指出：“博物馆是一个为社会及其发展服务的、向公众开放的非营利性常设机构，为教育、研究、欣赏的目的征集、保护、研究、传播并展出人类及人类环境的物质及非物质遗产。”这是首次在国际层面将非物质文化遗产纳入博物馆“物”的范畴。

湖南省博物馆馆藏近3000件（套）民族民俗珍贵文物资源无疑打上了征集时代的烙印。一方面征集对象的标准更强调“物”的可收藏性，如美观、特殊、稀少等客体条件，而对生活层面上的“用器”及其凝结于“物”上的知识、所反映的集体记忆与族群认同的主体性关注不够。另一方面，博物馆对民族非物质文化遗产的时代缺席，尤其是对“实际运用的知识”（practical knowledge）（主要是制造物品、行为方式、保存与存储物品的方式等与实践相关的知识）和“表演和展演”（performances）（包括语言、歌曲、舞蹈、文学，以及各种其他保存我们集体与文化记忆的方式，比如纪念仪式）两大范围[①]的相对忽略，让新时代的策展显得被动。好在早在实施新馆建设一体化设计开始之前，我们便预见性地以中央地方共建国家级重点博物馆立项课题的形式，即开展《“湖南人·民族部分”策展研究及其延伸课题“湖南省人群构成和起源的分子生物学研究”》（2012年到2017年），开始了更为广泛意义的民族民俗文物征集及相关拓展研究。该课题的目的在于：一是为“湖南人——三湘历史文化陈列”中“民族大家庭”提供资料信息及展品支撑；二是希冀初步建设类似于耶鲁大学“人类

---

① 此处对文化遗产的分类采用更为传统的三分法，即有形的物品（physical objects）、实际运用的知识（practical knowledge）、表演和展演（performances）。而且英国人类学家迈克尔·罗兰进一步认为所谓无形文化遗产，是包括后两种形态的遗产的，但是2006年以来，第三种形态的遗产被广泛强调，而且在中国的特色实践中，成为非物质文化遗产的核心。参见［英］迈克尔·罗兰著，汤芸、张原编译：《历史、物质性与遗产：十四个人类学讲座》，北京联合出版公司，2016年，第183～184页。

区域文化关系档案”的首个湖南族群文化“资料信息及研究成果数据库”，为之收集能够反映湖南特定民族（包括汉族）文化的图片、声像、实物及族群血样等综合信息。这也是完善新时代背景下湖南省博物馆民族民俗藏品体系的长远规划。课题进行的数年时间里，我们结合“民族大家庭”的策展需要，在族群方言、体质与族源、文物、非物质文化、人像数据等诸多方面取得了一定成绩，填补了原有馆藏“物”与“非物”的缺环，并将研究成果成功运用到了新馆的展示里。

综上所述，鉴于“民族大家庭”需要展现的民族民俗文化的整体性、活态性、传承性、时代性等特点，结合文物征集的范围及其价值评判标准，分析原有馆藏数千件珍贵文物，以及能够作为族群识别码的各类文化事项，理论上可以将反映该部分主题与内容的展品至少分为生产、衣食住行、信仰、仪礼、岁时节令、工艺艺术、文学诗歌等物质与非物质文化形态的七大类。

三、“民族大家庭”的展示理念与现实做法

即使是基于最宽泛的博物馆定义，凡称之为博物馆的实体，一定得有以自己的收藏品组织的常设的展示活动，这种常态的展示活动，就是博物馆陈列。陈列是博物馆自在的标志，每一个基本陈列都应是一个独一无二的声明，博物馆借助这一声明，宣示自己在遗产服务领域的“归属”“专业贡献”和“使用者”定位。[①] 博物馆陈列与展览的本质区别在于：它们使用的是不同的博物馆藏品资源。湖南省博物馆这一期改扩建工程，使得博物馆的基础设施得到前所未有的根本性改变，而结合博物馆自20世纪50年代肇基以来，数十年的发展经验，博物馆定位的进一步清晰、明确与完善，在全国博物馆事业蓬勃发展和博物馆基础理论日益普及和认识深刻的背景下，我们力图构建新馆以两大基本陈列为核心，辅之以四个专题陈列为补充，打造儿童教育体验中心，不断推出

① 甄朔南：《文化与自然遗产营销学：以博物馆为例》，见徐嵩龄等编《文化遗产的保护与经营——中国实践与理论进展》，社会科学文献出版社，2003年，第363页。

符合博物馆定位与发展宗旨的高品质、有特色的特别展览。“湖南人——三湘历史文化陈列”定位为湖南省博物馆的基本陈列之一，其基本陈列的性质要求“民族大家庭”必然是基于馆藏为主体进行的展示活动。

“民族大家庭”基于今天湖南的人群构成，从民族和文化的类群角度进行展示。据2010年人口普查数据显示，湖南近7000万人口中，汉族占总人口的90%，土家族占4.02%，苗族占3.15%，侗族占1.31%，瑶族占1.09%，白族占0.17%，回族占0.14%，壮族占0.05%，维吾尔族占0.01%，其他民族占0.06%，全省56个民族均有分布。[①] “民族大家庭”的策展不同于“湖南人”基本陈列的其他部分内容，如“生活的足迹”更多关注的是历代主体人群的生活方式，这里更强调普遍性的宏观层面的人类群体，从而构成民族大家庭和谐共处、文化多样性十分丰富的生境。因此，我们花费很大的篇幅进行宏大叙事，通过民族文化视频、人像照片及方言互动墙、民族分布地图、人口比例及DNA展板等相对可拓展且隐形空间更广阔的方式来描绘湖南多民族及其丰富多彩的生活范式。只是在具体叙事的时候，无可避免仍然得以点带面。

民族文化视频引入数字化遗产技术，致力于构建新型的民族志博物馆式展示内容，设计之初计划拍摄多部，湖南每个世居民族一部，具体内容包括族源的追溯、族群文化艺术生活等，但最后采用的还是湖南整个民族大家庭做成系统性的一部，是基于湖南历史文化的首次系统性集中展示，要更加注重信息数据整合的考虑。而且，我们希冀在开展之后，定期对基本陈列进行展品更新和维护，这不但是社会公众对博物馆的要求，也是国家对博物馆基本陈列的考核指标要求。我们规划这部分的设计更为灵活，

① 原始数据来源于《迈向小康社会的中国人口（湖南卷）》，湖南省第六次全国人口普查办公室编，中国统计出版社，2014年。该书详细列出湖南人口总数及各少数民族人口数量，笔者根据原始人口数计算得出民族人口数量占湖南总人口数量的百分比。

甚至展望了未来时间里，将要更新展示的内容，采用开馆开展系统篇、几年轮换一个新的具体内容档期，改观当下博物馆基本陈列数年之内要么完全不更新、要么需要大动干戈地改陈。人像照片及方言互动墙也是特意留有余地，可供后续不断补充拓展，除不断吸纳本馆研究人员的相关持续性研究成果之外，我们与湖南著名主持人汪涵达成意向，届时将不断吸纳其私人出资的重大人文课题“‘响应’计划——湖南方言调查项目”的成果。从策展人的初心出发，“湖南人”中“民族大家庭”以上视觉化、可互动的两板块的策划，除目前所能见到的内容之外，我们更想要提供的是一个开放性的平台、一种体验性的尝试。囿于空间局限，现有内容不一而足，但时间的长河却能给予我们无限想象的空间和可能性，一代代博物馆人也将孜孜不倦去追求展示内容的深度与广度。

“民族大家庭”的策展，我们还采用了体质人类学关于湖南省人群构成与起源的最新研究成果，也是首次对湖南几大主体民族DNA有针对性的系统分析与研究。经严格筛选的近千份样本[①]，涉及湖南汉族客家人、土家族、苗族、侗族、瑶族、白族、回族等多个民族群体，基于父系Y染色体和母系线粒体的遗传规律，分析研究得出“湖南主要民族Y染色体组成各有其特征，但汉族各方言群体之间组成相近，一定程度反映了族属、语言等主要通过父系传承，男性相对较少在各民族间流动。这也印证了中国古代宗法制度的传统。与Y染色体相反，湖南主要民族的线粒体组成有较强共性（瑶族除外），这与女性相对迁徙范围小、跨族婚配较常见有直接关系”。同时，“对比湖南汉族和北方汉族的Y染色体，绝大多数北方汉族拥有的父系类群在湖南汉族中也存在，而且相对比例相似，但有O1b1a－PK4（侗族、壮族、苗族中比例较高）、O1a－M119（侗族中比例较高）等少数几个Y染色体类群在湖南汉族中的比例明显高于北方汉族。这印证了湖南汉族的父系

① 样本要求：三代以内非亲属及非同一父系家庭男性，3～5毫升静脉血。

大部分来自北方汉族，与历代北人南迁、南方土著融入的历史相符”，此外“湖南主要民族的常染色体聚类较为紧密，但民族之间没有清晰分界线，说明湖南各主要民族尽管有不同的祖先来源，但经过长期交往和融合，表现出‘你中有我，我中有你’的密切联系”[①]。当然，体质人类学的研究成果无疑从自然科学的层面支撑了我们的策展思路和主题，但是从更科学的精神出发，用体质人类学的研究方法追溯古人类DNA的渊源，其人类发源“非洲祖母论”的理论基础并没有得到学术各界的普遍共识，我们这里也仅仅只是多提供一种湖南人群起源参照的可能性罢了。此处刻意地策划，也正力图要反映的是——我们的策展是宏大叙事背景之下的、多学科研究成果相互借鉴的开放性展示。

此外，“民族大家庭”还以博物馆传统的叙事方式，对能反映族群历史与文化的物质见证进行了铺陈展示。这一展示的环节，更为注重博物馆传统馆藏文物资源的利用，参照本文前述总结的“生产、衣食住行、信仰、仪礼、岁时节令、工艺艺术、文学诗歌等物质与非物质文化形态的七大类”，具体对土家族历史文化的物质展示，遴选出了“织锦挑花”“梯玛信仰”等实物，对苗族历史文化的物质展示遴选了更多银饰和传统服饰，而侗族更凸显其芦笙及芦笙服，瑶族则是神祀画及其长鼓和挑花等，还有女书文化的特别展示。这些物质见证与湖南民族历史文化的实际特色较为符合，不足的是空间太局限，实际可以展示的内容却更为丰富，展陈实践中兼顾“面”，却难免偏颇“点”，这可以在下一步的拓展陈列规划中进行调整。

“湖南人——三湘历史文化陈列”的总策展人一直强调：策展需要源源不断的想象力和创新性。在理想的展览策划与现实的空间、时间、客观因素的矛盾中，在“我者”与“他者”的不同理

---

① 研究成果来自湖南省博物馆立项的，由笔者负责具体执行的央地共建国家级重点博物馆建设课题“湖南省人群构成和起源的分子生物学研究”，我馆负责采集并提供血样样本，复旦大学现代人类学教育部重点实验室负责血样分析测试。

解之间，“民族大家庭”乃至整个“湖南人”的策展还留有遗憾，并且不时提示我们还有更多努力的方向——譬如如何将非物质文化遗产的传承与保护，同博物馆所擅长的展陈叙事方式相结合，甚至从而开启博物馆全新的叙事革命等，都有待进一步思考和推动。

结语

通过对“湖南人——三湘历史文化陈列”，尤其是其中“民族大家庭”部分策展理念与实践的梳理和总结，我们发现“在任何材料都适宜叙事”[①] 的理论预设下，对希冀能够全面被反映的特殊历史文化类型——本文中的“湖南族群及其文化”而言，既要在更大视野的整体背景下，处理好特殊性的关系，不能只见“森林不见树木”，又不能“只见树木不见森林”；既要在历史的纵向线索中敢于发掘“投影”出的共性（源与流），又要善于在纷繁复杂的多样性中捕捉最亮的点。当然，一切都只是开始，历史与文化是流动的，社会不断变迁，空间相对静止，无疑都给“方寸之间”的博物馆展示带来巨大挑战，最终考验我们的应是资源与信息是否开放、可拓展，展示理念与方式是否尽可能恰当而创新，是否致力于将博物馆关于历史、记忆与认同的理解与自觉性，塑造成永恒的人类遗产基因，并共享博物馆成为文化遗产传承与保护的最牢固甚至最后防线。因此，我们任重道远。

（原载《中国博物馆》2018 年第 2 期，收录进本书时有修订）

---

① 参考百度百科“叙事学”词条，http：//baike. baidu. com/view/37900. htm。

四 阳烂侗寨流传的款词

新村刚到燕子未曾飞，阳雀未曾报春，杉木未曾抽嫩条，枞树未曾发嫩心，江边鱼塘，水还未满，清明谷雨，树木嫩叶还未长齐。四面山头起云雨，正是五龙相会时。因为郎洲、澧洲、天高皇帝远，驻坐一方滩头之地，理事不明，打乱皇纲，搞乱乾坤。金鸡叫喊，邀集众人，龙太宗、石元保、杨都天，依照众议，订立六面事阳，六面事阴，顺官千日好，逆官一时难，年有春夏秋冬四季，日有初一、十一、二十一，天时顺转莫倒逆。

这款是老款，我们一人传十、十人传百，不是今朝人创始，上古流传到如今，合歌同唱，合叶同吹，众人同心，共守款规。天上莫捉弄雷公，地下莫捉弄官人，挖田莫错用工具，行路莫错走桥亭，三岁记得爹言语，四岁记得娘文章，孝顺爹娘天为大，父母恩情海洋深，朝廷交椅轮流坐，媳妇也有做婆时，今日众人推我当头领，当场定款各寨要执行。

第一款：不要抢官兵，掳官担，顺官千日好，逆官一世难，哪个不依顺，不听锣鼓传村当众提到，公布罪行，斩草不留根，我们十村九头目，讲了第一款。

第二款：不许谁人，偷塘挖坝，窃坟破墓，偷葬祖坟，青龙哪里葬，白虎哪里埋，谁人犯着剥皮抽筋，捆身砍手不留情，村罚三百银，上交十五两。

第三款：不许谁人，撩妻弄妇，拐抢人口，逞强强奸，谁人犯了，剥皮抽筋，打人连抄家，打马连毁鞍。

第四款：不许谁人，上偷下盗，拉好人下水，摸鸡抢鸭，猪胜地龙，猫强过狗，当众宣布他的丑恶。

第五款：向来强盗出于赌博，人命出于奸情，哪人阴打阳和，日里做人，夜里做鬼，明摆酒席，暗开赌场，若不捉到，条款就会显灵。

第六款：不许谁人，杀人放火，行凶逞蛮，搞乱乡村，人命关天，罪情重大，哪人独犯，当众提到，锣鼓传村，千欠事，众里人，村里放在水里就随水，放在火里就随火，是水制得火，是村罚得人，村是雷公、村是龙。

第七款：向来不许谁人，偷东摸西，偷鸡摸鸭八两八，偷柴摸菜四两四，不是今朝人兴起，古时流传到如今，若不捉到，款条就显灵。

第八款：不许撬箱挖笼，挖涵拱柜，盗谷偷钱，哪人不听，若是捉得，款条就是显灵，当众发落，罚他角牛一双，马尾一对。

第九款：向来山林树木有界碑，田土塘园有界基，不许谁人，强谋强占，强争强夺，上丘有水不许下丘捅，上丘无泥不许沟下丘，若凡捉到，条款就显灵。

第十款：不许谁人，争抢地产，田土宅场，菜圃鱼塘，田地山场，各有各的，别人祖遗产，世传屋场，不许谁人，坏心肠，死赖皮，强抢侵占，哪个不听当众提到，锣鼓传村，罚他龙角一对，马尾一双。

第十一款：不许谁人，飞天油火，要白头光棍，欺官弄府诬赖告状，寨里有事寨里判，村里杀牛村里断。日里是人，夜里是鬼，暗中梗，四村不许，六洞不容。

第十二款：不许谁人，作奸通贼，日里做人，夜里做鬼，勾外吃里，勾生吃熟，千只牛角进，百只牛角出，哪人不听，当众提到，锣鼓传村千家事，万人理，众人判杀就杀，断打就打，我们十村九头目，讲完十二款。

第十三款：向来山林禁山，各有各的，山冲大梁为界，瓜茄小菜，也有下种之人，莫贪心不足，过界砍树，莫顺手牵羊、乱拿东西，谁人不听，当众提到，听众人发落。

第十四款：不许客人争地方，老鼠钻禾仓，糟蹋一仓粮，猫儿骑老虎，无理又荒唐。不许谁人盘剥地方，大称进，小称出，四村不许，六洞不容，若还捉到，款条会显灵。

第十五款：正月上山带刀斧砍柴，二月用斗笠蓑衣，三月用钉耙，四月用犁耙，五月用茄豆、黄瓜，六月禾抽穗，七月莫坐仓恋花，八月莫留伴玩耍，这些规矩，家家有男有女，养女要顺养男要教，哪人不听，四村不许，六洞不容，我们十村九头目，讲完第十五条款。

……

十二款坪　十三场款

村脚像个雄龙洞，村头好比雌龙宅。村中遍地是金银，合款保佑各寨村。寨老四汤公，有古书一本，记载侗家村合寨，集众合款各款坪，上四洞，四头，杨柳坪是第一款。村中坪坦坪墓，村头高友高秀（包括高团、阳烂、高步、三村、都天、横岑、高本、三层、双扒、务坪、脚村黄土），合款坪是在阳烂村的大外河口河滩，是属第六款。

古时人间无规矩，父不知怎样教育子女，兄不知如何引导弟妹，晚辈不知敬孝长者。村寨之间省礼仪，兄弟不和睦，脚趾踩手指，邻里布团结，肩膀撞肩膀，自家乱自家，社会无秩序，内部不和肇事多，外患侵来事祸难息。祖先为此才立下款约订出侗乡村寨的规俗。讲到古时混乱年间，领事无人当，人死无人葬。钱粮不认承，赋税无人上，田地无人种，路上无行人。只听蛇虫叫没有人声音，今要聚众商议，协力复兴寨村，我们要修理寨子来往，靠寨子谋生，祖训如何，俗规如何，如何嘱咐，如何遵循，少讲多知，重在力行，表说清楚，带上青龙款坪！

孔子著书，孟和写耶。周富作枷，六郎订约法，订立二六一十二面，二九一十八章，仓有四向，约法有八章，仓有四面捶紧，事要八面了解，订下六面阴约法，六面阳约法，六面厚约法，六面薄约法，重罪重惩，轻罪轻罚，秉公正直讲理，不准徇私枉法。倘有谁人上山偷套肉鸟，下河摸钩上鱼，进园偷菜又摸瓜，虽是一些轻微小事，不罚该挨骂，若是手勾眼浅，心怀邪恶，偷鸡又摸鸭，牵羊又偷纱，就要按俗规受罚，偷鸡罚银一两一，偷鸭罚银一两二，偷羊偷纱成加倍。倘有谁人，心怀歹意，行凶作恶，拦路抢劫，杀人放火，偷牛盗马，触犯阴约法，上天不容，侗家不许，第一罚他三十两金。第二罚他三百两银，目的在罚他家庭荡尽命归阴。事关重大，杀牛起掀，砍下颚头给制枷的周富，砍上颚颌给处事的六郎。

过去侗乡村寨无款规，寨无约法的时候，好事得不到赞扬，坏事没有受到惩处，内忧无法解除，外患无法抵御。有人手脚不干净，园内偷菜摸瓜，笼里偷鸡摸鸭，有的心中起歹意，白天执刀行凶，黑夜偷牛盗马，还有肇事争闹，逞蛮相打，杀死好人，造成祸事，闹得村寨不安宁，打得地方不太平，村村朝望制止乱事，寨寨要求惩办坏人。款首邀集寨老，寨脚传报众人，大家相聚一坪，共同议定村规，杀牛盟誓合款，集众人制定规章，效作枷的周富，学理事的大郎，定出六面阴（死刑），六面阳（活刑），六面上（有理），六面下（无理）。定了二六十二条款，二九十八规章，这些款约规章，宣告各寨村乡，共同遵守不移。

再讲二层二步，不准谁人，起心不良，蓄意不好，五更黑夜，半夜子时，捅猪圈，拱牛栏，盗走牛，偷走羊，偷了园角黄牯，盗走遍角水牛，牵到龙山虎，岑去藏，赶过十二坳去卖，撵过十三盘去杀，我们邀集众人，像水獭追鱼尾，犬脚跟兽脚寻到你们村前寨后，寨前得牛角，寨后得牛肠，山脚得筋骨，山头得肝脏，找到锅灶，收的甑子，锅内得牛肉，甑底有牛油，抓到谁，抓到黑油麻脸，碰到其父正在闭口嚼肉，遇见其母正在张口吃肝，包庇盗贼，你做魁星在前，我做罡星在后，抓得真实把柄，就秉公惩处，如果退让不追究，就是放虎进山林，残害众人，搞乱乡村，今把犯者三个一处葬，五个一坑埋，拿他父去杀，埋进烂泥坑，拿他母去卖，卖过青云边。

再讲第三步，不许任何人，居心不好，起意不良，挖地破塘，钻箱撬柜，盗含内谷米，偷地下金银，不管是谁，捉不得贼身，抓不得把柄，眼不亲见，捉不到手，好似打脱乌鸦，逃走鹞鹰，脱逃乌鸦藏过村尖，逃走鹞鹰进山林，算他侥幸。如有谁人，捉得手，抓到发，取得赃物，拿到把柄，我们侗乡村寨，要他游乡示众，告诫各寨村人，以后不许他父住寨中，母也不许住村里，赶她去远处，抛他天脚下。

讲到四层四步，不许谁人，居心不良，起意不好，内勾外引，勾外吃里，勾生吃熟，窝藏黑户，表面堂堂正正，内心鬼鬼祟祟。门楼当作阁楼，鼓楼允许宫殿，假装野猫，真老虎，装成小蛇，实为大蟒，别人造木船运柴，他就制铁船运事，引祸害人，刨沙进田，制造内讧，今天款规不容许，老乡不留情，要以内奸论处，取他的性命，永世不得翻身。

再讲五层五款，不准谁人，收留陌生人，树根不许躲青蛙，树尖不许藏松鼠，深山禁藏虎，岩洞禁藏蛇，草坪禁藏野猫，山林禁藏豺狼，莫做贫留珠宝，大水包青蛙，草纸包火，岩沙包头，迟早要暴露，若他自外归顺，受到大家保护，自内判出，抓得回来，要脚压得木棒头上压岩，拿木棍高脚，用岩石打头，让他三命归天，身体入地，丢他下九泉深坑盖他三尺黄土。

现讲到六层六款，不许谁人，偷挖坟墓，盗葬风水，抛朽骨尸，放新骨埋，丢出骷髅，放进新颅，挖坟盗墓。开棺抛骨，罪大当杀，罪重该死。

说到七层七款，青春年纪，正像盛开桃花，男插鸡羽，女戴银花，老年人吃完夜饭上床睡，小伙子们吃完夜饭寨中游，姑娘在家织锦，男子游村走寨，男游村乡，女坐檐下，青年男女，青春花时，山上吃苞，甜言蜜语，冲里摘梨，细雨悄言，正当往来，合理应该。切不可男乱女花，讲金要银，爱富嫌贫，有钱就爱，无钱就甩，要像金和铁，莫做烂草鞋，真的是真的，假的就是假的，莫做牛粪糊墙壁，鸡屎粘雀窝，莫像鹅屎污江河，狗屎涂凳桌，肮脏又龌龊。

八层八款，男女花时已过，就应成家自乐，切莫风流浪荡，拦母鸡进窝，离间别人夫妻，脱妇人衰脚，挑拨别人婚事，挖他人墙脚。如果拐卖妇女，强奸诱惑伤风败俗，该受发落，你做得不干净，轻要罚银三十两、七十正，重要破产赔偿，家财荡尽，多者余，少者光，富者吃穷，贫者吃完。

九层九步，官家设衙门，侗家选老人，从前做枷十三、十五理事。朝廷设官府，民间推头人，村有头人树有干，龙蛇无头不能行。村有婆婆补烂衣，寨有头人把事理，做事要在理，处事要公正，要像杆秤两头平。不许谁人，配刀偏左，挑担偏右，如不公正，我们六村不用。六洞不容，村寨不要，要他自审良心。

现讲十层十款，屋架都要梁柱，楼上各有穿枋，地面各有宅场，田塘土地，有青石作界线条，白岩作界桩，山间的石界，插正不许搬移，林中的界槽，挖好不能乱刨，不许任何人，推界石往东，移界线偏西，这正是让得三杯酒，难让一寸土，山坡树林，按界管理，不许过界挖土，越界砍树，不许种上截，占下截，买坡脚土，谋山，头草，你的是你的，由你做主，别人是别人，不能夺取，屋场、园地、田塘、禾晾家家都有，各营各业，各用各的。

十一层十一款，讲到田塘用水，也要合情合理，共源的水，同路的水，公有公用，田塘有利，大丘不许少分，小丘不许多给，引水浇傍田灌冲田坎，上面先灌，下面后浇，不许谁人，挖断田，石坎田口，不许做南蛇，拱上面，青蛇钻下边，捅洞偷水，田在上的有饭吃，田在下的也该有饭吃，不许上面卡下水，下丘像草坪，上丘像金坪，绝对不许在上富登天，在下穷到底，你想当富户，别人受穷苦，这是亏心事，大家切莫为。

十二层十二款，说到山头坡岑，田土相连，牛马相聚，山林地界，彼此相依，山场有界石，款区有界碑，山脚留火路，村村有界规，不许何人，砍别人的树木，谋别人的财物，路上捡的失物，挂榜寻找原主，要有高尚道德，莫做贪财小丑，哪家有难大家帮，哪寨有苦村村帮，哪寨有外人侵侮，击鼓招众去护卫，和睦相处，同甘共苦，互相友好，村寨安乐，无忧无愁。

（村民龙JY口述，笔者整理）

主要参考文献

一、外文译著

[1] [德] 阿特斯兰德著，李路路、林克雷译：《经验性社会研究方法》，中央文献出版社，1995 年。

[2] [德] 恩格斯著，中共中央马克思恩格斯列宁斯大林著作编译局译：《家庭、私有制和国家的起源》，人民出版社，1972 年。

[3] 中共中央马克思恩格斯列宁斯大林著作编译局编：《马克思恩格斯选集》，人民出版社，1972 年。

[4] [法] 皮埃尔·布迪厄著，蒋梓骅译：《实践感》，译林出版社，2003 年。

[5] [芬] E. A. 韦斯特马克著，李彬、李毅夫、欧阳觉亚译：《人类婚姻史》，商务印书馆，2002 年。

[6] [美] 阿兰·邓迪斯著，陈建宪、彭海斌译：《世界民俗学》，上海文艺出版社，1990 年。

[7] [美] 戴维·波普诺著，李强等译：《社会学》（第十版），中国人民大学出版社，1999 年。

[8] [美] 杜赞奇著，王福明译：《文化、权利与国家：1900—1942 年的华北农村》，江苏人民出版社，2003 年。

[9] [美] 克莱德·伍兹著，施惟达、胡华生译：《文化变迁》，云南教育出版社，1989 年。

[10]［美］玛格丽特·米德著，周晓虹等译：《萨摩亚人的成年——为西方文明所作的原始人类的青年心理研究》，商务印书馆，2008年。

[11]［美］路易斯·亨利·摩尔著根，杨东莼等译：《古代社会》，商务印书馆，1977年。

[12]［美］Robert H. Lowie著，吕叔湘译：《初民社会》，商务印书馆，1935年。

[13]［美］R. M. 基辛著，甘华鸣等译：《文化·社会·个人》，辽宁人民出版社，1988年。

[14]［美］史蒂文·瓦戈著，王晓黎等译：《社会变迁》（第5版），北京大学出版社，2007年。

[15]［美］维克多·特纳著，黄剑波、柳博赟译：《仪式过程：结构与反结构》，中国人民大学出版社，2006年。

[16]［美］威廉·A. 哈维兰著，瞿铁鹏、张钰译：《文化人类学》（第十版），上海社会科学院出版社，2006年。

[17]［苏］谢苗诺夫著，蔡俊生译：《婚姻和家庭的起源》，中国社会科学出版社，1983年。

[18]［英］卡尔·波普尔著，范景中、李本正译：《通过知识获得解放》，中国美术学院出版社，1998年。

[19]［英］拉德克利夫-布朗著，夏建中译：《社会人类学方法》，华夏出版社，2002年。

[20]［英］B. 马林诺夫斯基著，刘文远等译：《野蛮人的性生活》，团结出版社，1989年。

[21]［英］罗伯特·莱顿著，蒙养山人译：《他者的眼光——人类学理论入门》，华夏出版社，2005年。

[22]［英］R. R. 马雷特著，张颖凡、汪宁红译：《心理学与民俗学》，山东人民出版社，1988年。

二、中文专（编）著

[1] 蔡凌著：《侗族聚居区的传统村落与建筑》，中国建筑工

业出版社，2007年。

[2] 曹柯平著：《中国洪水后人类再生神话类型学研究》，扬州大学博士学位论文，2003年。

[3] 陈鹏著：《中国婚姻史稿》，中华书局，1990年。

[4] 陈庆德等著：《人类学的理论预设与建构》，社会科学文献出版社，2006年。

[5]《侗族简史》编写组、修订本编写组：《侗族简史》，民族出版社，2008年。

[6] 戴庆厦著：《社会语言学教程》，中央民族大学出版社，1993年。

[7] 费孝通主编：《中华民族多元一体格局》，中央民族大学出版社，1999年。

[8] 高发元主编：《中国西南少数民族道德研究》，云南民族出版社，1990年。

[9] 高宣扬著：《布迪厄的社会理论》，同济大学出版社，2004年。

[10] 湖南少数民族古籍办公室主编，杨锡光、张家桢整理注校：《侗垒》，岳麓书社，1989年。

[11] 吉国秀著：《婚姻仪礼变迁与社会网络重建》，中国社会科学出版社，2005年。

[12] 李根富、吴文志编著：《侗族节俗文化》，线装书局，2008年。

[13] 廖君湘著：《侗族传统社会过程与社会生活》，民族出版社，2005年。

[14] 廖君湘著：《南部侗族传统文化特点研究》，民族出版社，2007年。

[15] 李泽厚著：《实用理性与乐感文化》，生活·读书·新知三联书店，2008年。

[16] 龙建云编著，中国民间文艺家协会稻作文化专业委员会编：《古侗阳烂村俗》，内部资料。

［17］罗康隆著：《“桃源”深处一侗家（侗族）》，云南人民出版社、云南大学出版社，2003 年。

［18］吕文江著：《理性与文化之间——一桩土地纠纷之分析》，社会科学文献出版社，2008 年。

［19］马戎编著：《民族社会学——社会学的族群关系研究》，北京大学出版社，2004 年。

［20］童星著：《发展社会学与中国现代化》，社会科学文献出版社，2005 年。

［21］王铭铭著：《西方人类学思潮十讲》，广西师范大学出版社，2005 年。

［22］王跃生著：《社会变革与婚姻家庭变动：20 世纪 30—90 年代的冀南农村》，生活·读书·新知三联书店，2006 年。

［23］吴宗源主编：《侗族文化简明读本》，中国戏剧出版社，2008 年。

［24］夏建中著：《文化人类学理论学派——文化研究的历史》，中国人民大学出版社，1997 年。

［25］冼光位主编：《侗族通览》，广西人民出版社，1995 年。

［26］谢中立、孙立平主编：《二十世纪西方现代化理论文选》，上海三联书店，2002 年。

［27］杨权、郑国乔著：《侗族史诗——起源之歌》（第 3/4 卷），辽宁人民出版社，1988 年。

［28］杨庭硕、吕永锋著：《人类的根基——生态人类学视野中的水土资源》，云南大学出版社，2004 年。

［29］杨筑慧著：《侗族风俗志》，中央民族大学出版社，2006 年。

［30］姚丽娟、石开忠著：《侗族地区的社会变迁》，中央民族大学出版社，2005 年。

［31］庄孔韶主编：《人类学通论》，山西教育出版社，2003 年。

［32］郑杭生主编：《民族社会学概论》，中国人民大学出版

社，2005 年。

［33］郑杭生编著：《社会学概论新修》（第三版），中国人民大学出版社，2003 年。

［34］郑晓云著：《文化认同与文化变迁》，中国社会科学出版社，1992 年。

［35］周光大主编：《现代民族学》（上卷 第二册），云南人民出版社，2009 年。

三、中文期刊

［1］曹端波：《侗族传统婚姻选择与社会控制》，《贵州大学学报》（社会科学版）2008 年第 2 期。

［2］陈家柳：《侗族传统家庭形态管见》，《广西民族研究》1991 年第 Z1 期。

［3］杜成材：《生计方式与文化模式的和谐之音》，《绵阳师范学院学报》2008 年第 9 期。

［4］郭长生、邓星煌：《侗族婚姻家庭的发展演变浅谈》，《贵州民族研究》1985 年第 4 期。

［5］胡敏：《侗族婚姻家庭述略》，《学术论坛》1988 年第 5 期。

［6］胡敏：《试探三江侗族青年早婚原因影响及其对策》，《广西民族研究》1987 年第 1 期。

［7］金炳镐、青觉：《论民族关系理论体系》，《中南民族学院学报》（哲学社会科学版）2001 年第 6 期。

［8］廖开顺：《从侗戏〈金汉烈美〉看侗族婚俗矛盾》，《贵州民族学院学报》（哲学社会科学版）2001 年第 1 期。

［9］廖君湘：《侗族传统社会家庭：结构、功能及家庭成员关系》，《佳木斯大学社会科学学报》2005 年第 5 期。

［10］廖君湘：《侗族婚姻史三题》，《株洲工学院学报》2005 年第 5 期。

［11］龙家椿：《侗族婚嫁习俗文化内涵的历史嬗变》，《怀化

师专学报》1993 年第 1 期。

[12] 龙家椿：《新晃侗族婚恋习俗》，《怀化师专学报》1992 年第 3 期。

[13] 潘永荣：《从侗语构词看侗族的文化》，《贵州民族研究》1998 年第 2 期。

[14] 潘志成：《从江县占里侗寨当代婚育习惯法考察》，《湘潭大学学报》（哲学社会科学版）2008 年第 2 期。

[15] 彭兆荣：《人类学仪式研究评述》，《民族研究》2002 年第 2 期。

[16] 秦秀强：《从妻居制向从夫居制过渡的轨迹——侗族抢亲习俗研究》，《贵州文史丛刊》1990 年第 1 期。

[17] 秦秀强：《侗族恋爱习俗中的婚姻史轨迹》，《中南民族学院学报》（哲学社会科学版）1992 年第 2 期。

[18] 秦秀强：《侗族“玩山”习俗之功能及源流探微》，《民族论坛》1991 年第 1 期。

[19] 秦秀强：《论侗族婚姻礼俗中的原生文化内涵》，《民族论坛》1988 年第 1 期。

[20] 石佳能、黄雪鸿：《侗族民俗及民族文化中原始社会残余试析》，《中南民族学院学报》（哲学社会科学版）1988 年第 1 期。

[21] 舒丽丽：《从“主位”到“他者”的理解——对阳烂侗族栖居文化的人类学解读》，《原生态民族文化学刊》2009 年第 2 期。

[22] 舒丽丽：《现代化进程中侗族地区乡村治理模式的文化机制探究——以湖南省通道侗族自治县为例》，《思想战线》2010 年第 3 期。

[23] 舒青：《鼓楼与侗族古代婚姻》，《怀化师专学报》2001 年第 4 期。

[24] 舒青：《侗族花园文化浅论》，《怀化师专学报》2004 年第 1 期。

[25] 谭忠国：《湘西少数民族婚恋观及婚恋习俗》，《中北大

学学报》（社会科学版）2008 年第 2 期。

［26］王宗勋：《侗族“舅公礼”与婚姻制度的变革》，《中南民族学院学报》（哲学社会科学版）1992 年第 4 期。

［27］吴干：《侗族独特的恋爱方式》，《文史春秋》1994 年第 6 期。

［28］伍南栋等：《湖南通道侗族近亲婚配情况的调查》，《遗传》1986 年第 5 期。

［29］吴忠军：《侗族源流考》，《广西民族学院学报》（哲学社会科学版）1998 年第 3 期。

［30］萧川：《从侗族原始婚姻遗俗看母权制向父权制的过渡》，《民族论坛》1990 年第 3 期。

［31］徐和平：《少数民族青年恋爱方式漫谈》，《中国民族》1989 年第 2 期。

［32］杨进飞：《侗款制试探》，《民族论坛》1987 年第 3 期。

［33］杨清栋：《谈侗族风俗习惯的改革》，《中南民族学院学报》（哲学社会科学版）1984 年第 1 期。

［34］杨再奎：《侗族婚姻习俗与现行婚姻法的冲突》，《西南民族大学学报》（人文社科版）2005 年第 1 期。

［35］杨正功：《侗族青年月地瓦活动及其源流试述》，《中南民族学院学报》（哲学社会科学版）1989 年第 2 期。

［36］杨筑慧：《当代侗族择偶习俗的变迁》，《中央民族大学学报》（哲学社会科学版）2005 年第 1 期。

［37］杨筑慧：《变迁中的侗族村寨》，《中央民族大学学报》（哲学社会科学版）2001 年第 5 期。

［38］姚源东：《侗族情歌中的恋爱道德价值》，《怀化师专学报》2002 年第 4 期。

［39］尹建国：《凉伞侗族婚俗及歌曲简论》，《黄钟》（《武汉音乐学院学报》）2004 年第 4 期。

［40］宇晓：《侗族亲从嗣名制研究》，《贵州民族研究》1991 年第 4 期。

［41］张咏：《试论文化变迁的“过渡性”》，《新疆大学学报》（哲学社会科学版）2006年第2期。

［42］张跃、舒丽丽：《传统与现代间的彝族文化探析——以松子园彝村为例》，《广西民族大学学报》（哲学社会科学版）2009年第2期。

［43］张跃、舒丽丽：《文化自觉与文化认同——怒江峡谷丙中洛地区民族宗教文化关系的变迁》，《西南边疆民族研究》2007年第5期。

［44］赵晓楠：《传统婚俗中的小黄寨侗族音乐——对小黄寨侗族音乐的文化生态考察之一》，《中国音乐学》2001年第3期。

［45］郑桂宣：《侗族〈玩山歌〉浅议》，《贵州民族研究》1996年第3期。

［46］朱慧珍：《侗族审美特征漫议》，《中南民族学院学报》（哲学社会科学版）1988年第6期。

四、英文资料

［1］Bobby Alexander：*Ritual and Current Studies of Ritual：Overview*，In Stephen D. Glazier（ed.）：*Anthropology of Religion：A Handbook*. Westport，CT：Greenwood Press，1997.

［2］Gary Ferraro：*Cultural Anthropology：An Applied Perspective*. 4th edition. Belmont，CA.：Wadsword/Thomson Learning，2001.

［3］Robert Park：*Social Change and Social Disorganization*. New York：St. Martin's Press，1975.

［4］S. J. Tambiah：*A Performative Approach to Ritual*. London：The British Academy and Oxford Univ. Press，1979.

［5］Thomas H. Eriksen：*Ethnicity and Nationalism*. London：Pluto Press，1993.

五、网站资料

［1］http：//zhidao. baidu. com/question/18568759. html，

2007－01－31。

［2］ http：//blog. readnovel. com/article/htm/tid _ 968133. html，2007－11－12。

后 记

犹记得十几年前，在五味杂陈的车厢里，颠来倒去，数着钟点，坐一个通宵加半晌的大巴汽车，才能到达被誉为“人神共居”胜境的云南贡山丙中洛。在这里的茶腊，我开始了人生的第一次民族学田野实地调查。对生长于中部省份湖南的我而言，这里无异于文化的异域，不通当地话，喝不习惯酥油茶，回味不了苦荞粑粑的“甘甜”，还要时不时地提防村里狗儿的狂吠和追赶，着实感觉到了文化人类学者的“忧郁”。当慢慢学会了怎样用手指头揉搓糌粑，怎样喝咕嘟酒，怎样用原生态的树枝筷子从火塘三脚架上的锅里，又快又准地夹出泛着油光的肉片，怎样享受一顿芋头加板栗再来杯酥油茶的美味早餐，猫猫狗狗都变得可以打招呼了的时候，我已经走出了“文化震撼”心路，成为了半个融入茶腊怒族生活的当地人，但作为调查者要求的理性仍需时刻保持另一半的清醒。在遵照怒族同胞生活方式的同时，充分融入了地方性的生活，跟随着村民去参加各种礼仪活动，成为传统编织的社会关系巨网中的一员。在此开始感受到了传统与“惯习”的独特魅力，不管你承认与否，每个个体都已然成为了这一意义网络中的一员，既是主动守护传统的人，同时又是被传统约束的、需要恪守“规矩”的对象。

后来的2008年，踏上新的田野点，不计期间多次短期的各地田野实习，对湖南通道阳烂侗寨留下了深刻印象。作为土生土长的20世纪80年代出生的芷江（与通道属于同一个地级市，且同为侗族自治县，但属于侗族传统文化保存较弱的北侗地区）人，从小接受到的是与同龄人没有差异的学校主流教育，但父辈给予的家庭教育，固化到行为习惯上，更多浸入骨子的是地方性“小传统”。比如，路遇长辈要主动打招呼，去人家家里要带伴手礼，上桌吃饭一手要扶着碗、夹菜看好了就夹、不许翻菜等等。一年春节按照北侗，而且是简省版的礼节去到相隔 200 多公里之外的南侗阳烂侗寨，受到了村民热情的接待，最后还“打发”红包一路相送。还有多次田野调查期间，大家坦诚地接纳我的“问东问西”，还有新媳妇如数家珍地搬出嫁妆——侗族银头饰和银帽让我佩戴，更有仅仅为了带我去吃一顿好的，烈日之下，徒步十几里，去到山水相连的另一面的村寨，享受野味、生鱼肉、生蔬菜的清鲜之趣。种种经历，即便每次调查的主题并不相同，但都不谋而合有着一个统一的指向——传统对人与生活的影响。

踏上工作岗位，成为一名博物馆人之后，又面临着新的“行业传统”。博物馆的工作内容不像之前学校里学习内容的单一，而是一方面要应付纷繁复杂的事务性工作，一方面还有“变化多端”的业务工作，比如博物馆人总是怀揣着成为一名优秀“策展人”的理想，想将自己所从事的研究领域呈现给社会公众，如此在博物馆行业里最主流的方式就是推出陈列展览，而其具体展陈的主题、内容与对象每次又都不尽相同，还要与博物馆的宗旨和定位不相违背，这是巨大的挑战。策展人对专业性要求极高，但也并不是专业研究做得好的就能策划出好的展览，这涉及研究成果与学术思维方式的博物馆转化。在这样的前提下，为承袭博物馆传统，我开启了有着民族学专业背景的博物馆人素质养成之旅。每年的 5 月 18 日是固定的国际博物馆日，已经有 40 多年的举办历史，算起已是两代人的习惯了，放宽点条件，这已然成为博物馆行业的“新传统”之一。不谋而合的是，今年国际博物馆日的主题恰是“作为文化中枢的博物馆：传统的未来”。因此，在这个契机，讨论自己对“传统”的理解，也算是应景。

自 2004 年以来，开始正式迈入对传统文化的专业学习和研究领域，常常针对的是“他者”的对象，却要试图以“主位”的方式去熟稔，而立足“客位”的角度进行分析研究。在职业生涯中，也是要面对不同的对象，通过爆炸式地应急学习，应对扑面而来的策展工作。不无遗憾的是，常常一项展览走下来都成了缺陷美的工程。在此期间，尤其对自身的专业知识面和深度，充满懊恼和不自信，好在当今网络大数据时代，收集、整理资料变得更容易，相对留给消化、吸收、运用的时间则更多。但是，常常还是会有感于老一辈学者从挑着书担起步，一张一张地抄读书卡片，一点一点地积累知识，最终厚积薄发。传统的读书方式，应该也是一种“慢生活”，不紧不慢，从容自在。裹挟在传统为学与工作业绩的矛盾间，总是避免不了感觉焦虑。因而，虽然本书的多数内容实质很多年前已然有零碎的发表，也是我博士论文的重要内容，说起来要深入再整理应该是件相对轻松的事，而且伴随着生活的磨砺，读书与见识好歹比之前多了些许，专业工作经历也增添了一些空间，可以调整与拓展的具体内容想了很多；但书稿存于抽屉，思想野马乱窜，却总是行动的矮子，一拖再拖，总用状态不对，拖延其事。嗟叹之余，却总感觉于已、于学，始终欠着一个交代。

繁重的工作之余，利用零零碎碎的时间，勉强整理这份不尽人意的书稿，战战兢兢。感恩于师长的指导，单位领导的支持，出版社老师的斧正，将不成熟之言公之于众。其中疏漏之处定然很多，收获来自于鼓励，不足却源于自己的懒散和不够勤奋。同时也敬请方家批评指导，以期未来在新的领域，也是当前结合所从事与爱好之事业，而更想将有限之精力全力以赴地投入专业方向，能够从此事中吸取经验教训，不留更多遗憾。

最后，年龄越长，心底最柔软之处，深感愧对父母的无私奉献，并感谢朋友们的包容，谨以此书感恩父母恩情和所有帮助与支持我的人！

写于长沙

二〇一九年四月二十三日

图书在版编目(CIP)数据

侗族行歌坐月婚恋习俗研究/舒丽丽著. —长沙:岳麓书社,2019.8
ISBN 978-7-5538-1166-6

Ⅰ.①侗… Ⅱ.①舒… Ⅲ.①侗族—婚姻—少数民族风俗习惯—研究—中国 Ⅳ.①K892.22

中国版本图书馆 CIP 数据核字(2019)第 178726 号

DONGZU XINGGEZUOYUE HUNLIAN XISU YANJIU
侗族行歌坐月婚恋习俗研究
作　　者:舒丽丽
责任编辑:管巧灵　王文西　邱建明
责任校对:舒　舍
封面设计:风格八号

岳麓书社出版发行
地址:湖南省长沙市爱民路 47 号
直销电话:0731-88804152　0731-88885616
邮编:410006
岳麓书社网址:www.yueluhistory.com

2019 年 8 月第 1 版第 1 次印刷
开本:890mm×1240mm　1/32
印张:6.5
字数:180 千字
印数:1—2 000
ISBN 978-7-5538-1166-6
定价:36.00 元

承印:长沙超峰印刷有限公司

如有印装质量问题,请与本社印务部联系
电话:0731-88884129